CARRÉS CLASSIQUES

Collection COLLÈGE dirigée par
Cécile de Cazanove
Agrégée de Lettres modernes

La Farce du cuvier

Farce anonyme du XVe siècle

texte intégral

Traduction et édition présentées par
Nathalie Sol
Certifiée de Lettres modernes
Maïtena Maltaverne
Certifiée de Lettres classiques

Nathan

Sommaire

Avant la lecture

Lire La Farce du cuvier

ISBN : 978-2-09-188424-0

Après la lecture

Autre lecture

Dossier central images en couleur

Avant la lecture

Qui êtes-vous, Monsieur le Farceur ?

Un auteur anonyme

Je suis l'auteur de *La Farce du cuvier*… et en bon farceur que je suis, je vous joue un tour à ma façon en restant **anonyme**. Quelques pistes pour qui voudrait tout de même tenter de me connaître : j'ai vécu au **XVᵉ siècle**, c'est certain, mais personne ne peut dire exactement ni quand, ni où… Ma farce est écrite dans une langue qui ressemble au **dialecte picard**, parlé dans une zone plus large que votre actuelle Picardie. Peut-être suis-je de la région d'Arras, comme Adam de la Halle, un de mes célèbres prédécesseurs. Je sais écrire, ce qui n'est pas donné à tout le monde. Je suis sans doute un clerc, un étudiant ou l'employé d'un notaire.

« *Je fais partie du petit peuple.* »

C'est moi, le badin de la farce

Je fais partie du petit peuple et je suis « farceur », c'est-à-dire « comédien ». **J'écris** et **je présente au public des farces** car j'aime divertir et faire rire en jouant un personnage dont tout le monde se moque. Dans *La Farce du cuvier*, **j'interprète le rôle de Jacquinot**. Je me maquille en couvrant mon visage de farine, je porte un bonnet ridicule. Je fais semblant d'être bossu. Je me costume comme mon maître, Jean Serre, le faisait. Après sa mort, le poète Clément Marot lui a rendu cet hommage : « Quand il entrait en scène avec une chemise sale, le front, la joue et la narine toutes recouvertes de farine et coiffé d'un bonnet d'enfant, et d'un autre avec sur le sommet des plumes de chapon », le public n'en finissait pas de rire.

Quel plaisir de passer pour le naïf de la pièce ! Mais ne vous fiez pas aux apparences : **c'est moi qui mène le jeu**, malgré les misères que me font subir ma femme et ma belle-mère.

Un théâtre de plein air

Mes amis et moi, nous montons nos **tréteaux** – de mon temps, on disait « **l'échafaud** ». Nous nous installons où bon nous semble, de préférence au cœur des villes, au détour d'une rue, sur un champ de foire ou dans une cour d'auberge. Le plus souvent, nous jouons en plein air ; il faut dire que les salles de théâtre n'existent pas encore. Nous aimons bien nous produire **les jours de marché, de foire ou de fête religieuse**, car nous sommes sûrs de trouver alors un public nombreux.

Nous annonçons nous-mêmes nos spectacles en nous promenant dans les rues, avec nos tambourins. Parfois même, pour attirer des spectateurs, nous présentons une scène, histoire de donner envie de venir voir la farce entière.

Notre public se tient debout devant l'estrade et nous récompense comme il veut, lorsque je fais la quête. Souvent, il intervient à voix haute durant le spectacle et parfois même, il participe ! Heureusement, notre scène est assez haute pour empêcher quiconque de grimper dès que l'échelle est retirée.

« Les salles de théâtre n'existent pas encore. »

La Farce du cuvier

J'ai joué pour la première fois *La Farce du cuvier* **entre 1450 et 1500**. Mais, hélas, **mon texte original est perdu** ; la copie la plus ancienne a été imprimée à Lyon, presque un siècle plus tard. Sur le millier de farces jouées à mon époque, il en reste moins de cent cinquante. Les autres ont été détruites par accident ou sont tombées dans l'oubli.

Finalement, j'ai eu de la chance : si on ignore qui je suis, mon œuvre, elle, est passée à la postérité !

Le théâtre au Moyen Âge

◆ Le théâtre religieux

Au xe siècle apparaissent des jeux scéniques pour illustrer les cérémonies religieuses, en particulier celles de Noël et de Pâques. Les sujets sont empruntés à la Bible puis à la vie des saints : ce sont les **mystères** et les **miracles**. Les premiers acteurs et metteurs en scène sont des moines qui jouent dans leurs églises. À partir du xiie siècle, des acteurs les remplacent et la représentation se déroule sur le parvis. Certains mystères sont très longs – Jusqu'à 62 000 vers – et le spectacle dure alors plusieurs jours.

« Jusqu'à 62 000 vers… »

◆ Le théâtre comique

Grâce à l'essor économique des villes au xiie siècle, **un théâtre de rue**, dont les sujets ne sont pas religieux, naît peu à peu. En 1262, par exemple, **Adam de la Halle** décide de présenter, dans sa ville natale d'Arras, *Le Jeu de la Feuillée*. Son père joue un des personnages, les autres comédiens sont des amis ou des passants ! Pendant les foires ou les fêtes des sots (fous), les jongleurs présentent des fabliaux qu'ils mettent en scène.

1444	Vers 1450	1453	1455	1461-1483	1465	1483-1498
Représentation dans un théâtre sur tréteaux du *Jeu de la Passion*	*La Farce du cuvier*	Fin de la guerre de Cent Ans	Premier livre imprimé par Gutenberg : la Bible	Règne de Louis XI	Première représentation de *La Farce de Maître Pathelin*	Règne de Charles VI Christophe Colomb aux Antilles (1492)

◆ L'âge d'or de la farce : le XVᵉ siècle

La farce naît de cette **double tradition** : celle du théâtre religieux et celle du théâtre des villes. Pour délasser les spectateurs, **des scènes comiques** sont introduites très tôt dans les mystères ou les miracles. Elles les farcissent, en quelque sorte, comme en cuisine on met de la farce dans une volaille pour la rendre plus savoureuse. D'où l'origine du mot *farce*.

En 1461, Louis XI monte sur le trône. Le royaume, affaibli par la guerre de Cent Ans, se consolide et connaît une période de prospérité économique. Dans ce contexte favorable, le **théâtre de la fête populaire**, le théâtre de foire, connaît un très grand succès : soties, sermons joyeux et farces se multiplient. Les personnages se taquinent, se jettent des objets, s'injurient sur scène pour le plus grand plaisir des spectateurs.

« Le XVᵉ siècle est marqué par une grande liberté artistique. »

Le XVᵉ siècle est marqué par une grande liberté verbale, gestuelle et artistique. Environ **150 farces écrites entre 1440 et 1560** ont été conservées... mais ce n'est qu'une faible partie du répertoire de cette époque ! ■

1515-1547
Règne de François Iᵉʳ – Début de la Renaissance
Arrêt du Parlement contre les Confréries de la Passion (1542)

1548
Interdiction des mystères
Première tentative des comédiens royaux pour remplacer les théâtres sur tréteaux par une scène à l'italienne à l'Hôtel de Bourgogne

Qui sont les personnages ?

Jacquinot

Cet homme, victime des caprices de sa femme, n'est pas aussi naïf qu'il y paraît...

➨ *Réussira-t-il à retrouver sa place de mari ?*

La femme

Elle veut tout diriger dans son ménage, en particulier son mari.

➨ *Mais pense-t-elle à tout ?*

La mère de la femme

Elle s'allie toujours à sa fille pour commander son gendre, Jacquinot, qu'elle n'hésite pas à accuser des pires maux.

➨ *Jacquinot fera-t-il taire cette belle-mère insupportable ?*

Lire

Farce nouvelle très bonne et fort joyeuse du cuvier

Farce anonyme du XVe siècle

Traduite par Nathalie Sol et Maïtena Maltaverne

texte intégral

Les personnages

JACQUINOT.

SA FEMME.

LA MÈRE DE SA FEMME.

Chez Jacquinot.
un cuvier[1], deux tabourets, une plume, du papier.

Scène première ■ Jacquinot

Jacquinot commence.

Jacquinot

Le diable m'a bien mené par le bout du nez quand je me suis mis en ménage ! Il y a de l'orage dans l'air. Ça tempête. Je n'ai que des soucis et de la peine. Ma femme se démène dans tous les sens comme un bateleur[2], et sa mère renchérit[3] toujours. Je n'ai pas de repos, pas de bonheur. Je suis torturé et tourmenté, comme s'il pleuvait de gros cailloux sur mon crâne. L'une crie, l'autre grogne, l'une maudit, l'autre tempête ! Que ce soit jour de travail ou jour de fête, je n'ai pas d'autre passe-temps. Je suis au rang des mécontents car je ne peux profiter de rien. Mais par le sang que Dieu m'a fait, je serai le maître chez moi, si je m'y mets !

1. Cuve de bois d'assez grande dimension, dans laquelle on lavait le linge.
2. Acrobate de foire.
3. En rajoute.

Scène 2 ■ Jacquinot, sa femme, la mère de sa femme

La femme

Mon Dieu, que de plaintes ! Taisez-vous, vous agirez sagement !

La mère, *à sa fille.*

Qu'y a-t-il ?

La femme

Quoi ? Qu'est-ce que j'en sais ? Il y a toujours tant à faire. Il ne pense pas à tout ce qu'il faut à la maison.

La mère, *à Jacquinot.*

Oui, vraiment, il n'y a pas à discuter ni à ergoter[1] ; par Notre Dame, il faut obéir à sa femme, ainsi que doit agir un bon mari. Si elle vous bat quelquefois quand vous serez en faute…

Jacquinot

Hein ! Quoi qu'il en soit, je ne supporterai pas cela pendant toute ma vie.

La mère

Non ? Pourquoi ? Par sainte Marie, pensez-vous, quand elle vous punit et vous bat sur le moment, que ce soit par méchanceté ? Non, mon Dieu, c'est seulement une preuve d'amour.

Par Notre Dame, par sainte Marie, vertu saint Paul

Exclamations ou jurons très utilisés au Moyen Âge, par lesquels Dieu et ses saints sont pris à témoin.

1. S'attarder sur des points de détails.

Jacquinot

C'est très bien dit, ma mère Jacquette ; mais cela manque de bon sens de faire ainsi tant de discours. Que voulez-vous dire par là ? Voilà qui demande une explication.

La mère

J'entends bien ; mais je veux dire que, la première année, rien n'est grave[2]. Comprenez-vous, mon ami Jean ?

Jacquinot

Jean ! Vertu saint Paul, que dites-vous là ? Vous m'affublez d'un drôle de titre avec votre « Jean ». Je m'appelle Jacquinot, c'est ça mon vrai nom, l'ignorez-vous ?

La mère

Non, mon ami, non. Mais, étant marié, vous êtes désormais Jean.

Jacquinot

Mon Dieu, j'en suis bien tourmenté !

La mère

Mais oui, Jacquinot, mon ami, vous n'en devenez que meilleur, mon bonhomme.

Jacquinot

Bonhomme ! Meilleur ! Qu'on me coupe plutôt la gorge ! Bonhomme ! Meilleur ! Sainte Vierge !

La femme

Il faut faire au gré[3] de sa femme ; c'est comme ça, c'est la loi.

Jean

Dans les farces, ce prénom et ses diminutifs (Jeannot, Jenin, Jeninot) désignent traditionnellement le mari soumis, sot… ou cocu ! En appelant ainsi son gendre, la belle-mère l'insulte.

2. Au Moyen Âge, pendant la première année de mariage, le jeune mari devait se plier aux exigences de sa femme, et leurs disputes étaient sans gravité. Dès la deuxième année, la femme retrouvait ses devoirs domestiques.
3. Selon la volonté.

JACQUINOT, *à part.*

Ah ! Saint Jean ! Elle me commande vraiment trop de choses à faire !

LA MÈRE

Pour mieux vous souvenir, il convient d'écrire dans un rôlet[1], et de mettre sur une feuille tout ce qu'elle vous commandera.

JACQUINOT

Qu'à cela ne tienne ! Je m'en vais commencer à écrire.

Il s'installe pour écrire.

LA FEMME

Écrivez pour qu'on puisse vous lire. Écrivez que vous m'obéirez, que vous ferez toujours tout ce que je veux.

JACQUINOT

Corbleu ! Je n'en ferai rien sinon pour des choses raisonnables.

LA FEMME

Eh bien ! Écrivez donc, sans discuter, pour éviter de me fatiguer. Il faudra toujours vous lever le premier pour faire les corvées.

JACQUINOT

Par Notre Dame de Boulogne, je m'oppose à cet article. Me lever le premier ! Et pour quelle raison ?

Corbleu !

Juron où le nom de Dieu est déformé, pour éviter le blasphème. On peut citer aussi ***palsambleu*** mis pour « Par le sang de Dieu », ***morbleu*** pour « mort de Dieu », ***tudieu*** pour « Vertu de Dieu », ***parbleu*** pour « Par Dieu ».

1. Rouleau de parchemin.

LA FEMME

Pour chauffer ma chemise au feu[2].

JACQUINOT

Me dites-vous que c'est à la mode ?

LA FEMME

C'est à la mode, et aussi la façon[3]. Apprenez votre leçon.

LA MÈRE

Écrivez !

LA FEMME

Notez, Jacquinot !

JACQUINOT

J'en suis encore au premier mot. Vous me pressez tellement, c'est incroyable !

LA MÈRE

La nuit, si l'enfant se réveille, il vous faudra, comme on le fait en plusieurs endroits, prendre la peine de vous lever pour le bercer, le promener dans sa chambre, le porter, le langer, même à minuit.

JACQUINOT

Avec tout cela, apparemment, il n'y a plus dans ma chambre de place pour le plaisir.

LA FEMME

Écrivez !

2. En la plaçant devant la cheminée.
3. Manière de faire.

Jacquinot

Par ma conscience, ma page est remplie jusqu'à la marge ! Mais que voulez-vous que j'écrive de plus ?

La femme

Notez, ou vous serez battu !

Jacquinot, *tournant sa feuille.*

Ce sera pour l'autre côté.

La mère

Ensuite, Jacquinot, il vous faut pétrir[1] et cuire le pain, faire la lessive…

La femme

Tamiser la farine, décrasser le linge à grande eau avant de le laver…

La mère

Aller, venir, trotter, courir, se démener comme un beau diable…

La femme

Faire le pain, chauffer le four…

La mère

Emmener la mouture[2] au moulin.

La femme

Faire le lit, de très bonne heure le matin, sous peine d'être bien battu…

La lessive

On la faisait une fois par mois... Parfois même, une seule lessive réunissait le linge de plusieurs maisons. Le jour de la lessive était donc un jour important. La lessive comportait plusieurs étapes : le trempage à grande eau, la veille, pour « décrasser le linge », puis le lavage lui-même (« la buée ») dans le cuvier, enfin l'essorage et le rinçage.

1. Malaxer (la pâte à pain).
2. Aller faire moudre le grain.

LA MÈRE

Et puis mettre le pot au feu et tenir la cuisine propre.

JACQUINOT

S'il faut que je mette[3] tout cela, il faudra le dicter mot après mot.

LA MÈRE

Eh bien ! Écrivez donc, Jacquinot : pétrir le pain…

LA FEMME

Le faire cuire…

LA MÈRE

Faire la lessive…

LA FEMME

Passer la farine au bluteau[4].

LA MÈRE

Laver…

LA FEMME

Décrasser le linge…

JACQUINOT

Laver quoi ?

LA MÈRE

Les pots et les plats.

3. Écrive.
4. Tamis.

JACQUINOT

Attendez, n'allez pas trop vite… *(Écrivant)* Les pots, les plats…

LA FEMME

Et les assiettes !

JACQUINOT

Eh ! Palsambleu[1], moi qui n'ai pas de mémoire, je ne retiendrai pas tout cela.

LA FEMME

Notez-le pour vous en souvenir. Comprenez-vous ? C'est ce que je veux !

JACQUINOT

Bien laver les…

LA FEMME

… les langes[2] merdeux de notre enfant à la rivière.

JACQUINOT

Je renie Dieu ! La matière et les mots sont répugnants.

LA FEMME

Écrivez-le, allez, sotte bête ! Avez-vous honte de cela ?

JACQUINOT

Corbleu, il n'en sera rien ; je vous ferai mentir, je le jure !

LA FEMME

Alors il faudra que je vous fasse injure[3] et je vous battrai plus que le plâtre[4].

1. Voir encadré, p. 16.
2. Linges qui servaient de couches.
3. Punisse.
4. On battait le plâtre pour le réduire en poudre.

JACQUINOT

Hé ! Je ne discute plus ; je vais l'écrire, n'en parlez plus.

LA FEMME

Il ne vous reste plus qu'à mettre le ménage en ordre. Et à présent, vous allez m'aider à tordre la lessive auprès du cuvier. Soyez rapide comme l'épervier. Écrivez !

JACQUINOT

Voilà, ça y est !

Il pose sa plume.

LA MÈRE

Et puis faire aussi… la chose[5]… par-ci par-là, à l'occasion.

JACQUINOT

Vous en aurez un coup tous les quinze jours ou tous les mois.

LA FEMME

Plutôt cinq à six fois tous les jours ! C'est le minimum d'après moi.

JACQUINOT

Pas question, par Notre Sauveur ! Cinq ou six fois ! Vertu saint Georges ! Cinq ou six fois ! Ni deux ni trois. Corbleu, pas question !

LA FEMME

Comme ce vilain[6] me rend malheureuse ! Ce paillard[7] fatigué n'est bon à rien.

5. L'amour.
6. Cet homme grossier.
7. Cet homme qui recherche les plaisirs de l'amour et mène une vie joyeuse. Le mot est ironique.

JACQUINOT

Bon Dieu ! Je suis bien niais de me laisser ainsi malmener. Il n'y a aujourd'hui aucun homme au monde qui pourrait prendre du plaisir ici ! Pour quelle raison ? Car jour et nuit il faut que je me rappelle ma leçon.

LA MÈRE

Ce sera écrit puisque ça me plaît. Dépêchez-vous et signez.

JACQUINOT

Voilà, c'est signé ; tenez, prenez-le ! Faites bien attention à ne pas le perdre : même si je devais être pendu, j'ai décidé que, dès cet instant, je ne ferai rien d'autre que ce qui est dans mon rôlet.

LA MÈRE, *à Jacquinot.*

Suivez-le bien tel qu'il est.

Elle sort.

LA FEMME, *à sa mère.*

Allez ! Je vous recommande à Dieu.

Pause lecture 1

Scènes 1 et 2

Une scène de ménage

Il y a de l'orage dans l'air… scène 1

Avez-vous bien lu ?

De quoi Jacquinot se plaint-il ?

❏ Il n'a plus d'argent.

❏ Il est malheureux en ménage.

❏ Il n'a plus de travail.

Les lamentations de Jacquinot

1 Faites une remarque sur la longueur des phrases. Quel signe de ponctuation souligne les sentiments du personnage ? Qu'éprouve Jacquinot ?

2 Relisez la scène et précisez la forme de chaque phrase (affirmative, restrictive ou négative). Qu'observez-vous ? De quoi est privé Jacquinot ?

3 Jacquinot accepte-t-il sa situation ? Quelle phrase crée un effet d'attente ? Pourquoi ?

La femme et la belle-mère

4 À quoi Jacquinot compare-t-il sa femme ? Expliquez cette comparaison. Que lui reproche-t-il ?

5 Par quelle répétition Jacquinot montre-t-il que sa belle-mère est pareille à sa femme ?

6 Comment s'appelle la première scène d'une pièce de théâtre ? À quoi sert-elle ?

Un mari lessivé scène 2

Avez-vous bien lu ?

À quoi sert le rôlet ?

❏ À définir les tâches du mari et de la femme.

❏ À se souvenir des répliques du rôle.

❏ À établir la liste de tout ce que doit faire le mari.

Deux femmes liguées contre Jacquinot

1 Quel est le premier verbe employé par la femme de Jacquinot ? À quel mode est-il ? Que comprend le spectateur qui vient d'assister à la scène 1 ?

2 Comptez le nombre de répliques de Jacquinot, de sa femme, de sa belle-mère. Quelle proportion trouvez-vous entre les paroles du mari et celles des deux femmes ? Quel rapport de force est ainsi mis en évidence ?

L'écriture du rôlet

3 À partir de la ligne 39, à quel mode sont les verbes ? Quelle est la valeur de ce mode ?

4 Que révèlent les tâches imposées à Jacquinot sur le milieu social des personnages ? À votre avis, les hommes du XVe siècle s'occupaient-ils ainsi de leur ménage ? Quel est l'effet produit sur les spectateurs ?

Un couple de jeunes mariés

Avez-vous bien lu ?

Depuis combien de temps Jacquinot est-il marié ?

❏ Moins d'un an.

❏ Un à deux ans.

❏ Plus de deux ans.

C'est écrit dans votre rôlet !

1 Quel surnom la mère donne-t-elle à Jacquinot ? De quoi le menace-t-elle s'il n'obéit pas à sa femme ?

2 De quoi le menace sa femme s'il ne continue pas à écrire le rôlet ? En quoi est-ce comique ?

3 À quoi exactement s'engage Jacquinot en signant le rôlet ? Citez ses paroles avec précision.

Un couple de farce

4 Quel est le seul point sur lequel Jacquinot refuse absolument d'obéir à sa femme ? Comment caractériser le rire des spectateurs pendant ses répliques ?

5 De quoi se plaint surtout Jacquinot en écrivant le rôlet ? En quoi est-ce comique ?

6 Dans la scène 2, trouvez la phrase qui fait écho à la menace exprimée dans la dernière phrase de la scène 1. Quel est l'effet créé par cette réplique ?

7 Pour quelle activité Jacquinot va-t-il devoir aider sa femme à la fin de la scène 2 ? Où devra-t-il se placer ?

Du texte à l'image

Observez le tableau → voir dossier images p. I

1 Décrivez les différentes parties du théâtre. Que font les gens alentours ?

2 Observez l'attitude des personnages à l'arrière de la scène. Comment le public peut-il prendre part au spectacle ?

3 En quoi ce tableau évoque-t-il l'univers de *La Farce du cuvier* ?

Foire paysanne flamande, Pieter Balten (1525-1598).

Observez la gravure → voir dossier images p. II

4 Décrivez l'attitude des personnages.

5 Quelle scène de la farce est représentée ?

La Farce du cuvier, gravure de Jean Geoffroy (XIXe siècle).

À vous de jouer

Écrivez un rôlet

En vacances avec des amis, vous discutez pour répartir les tâches entre vous. Écrivez ce dialogue, qui se conclura par l'écriture d'une sorte de rôlet.

Jouez une scène

Imaginez une mise en scène de l'écriture du rôlet en montrant le décalage entre la vantardise de Jacquinot à la scène 1 et sa soumission à la scène 2.

Scène 3 ■ Jacquinot et sa femme

La femme

Allons, tenez ça, parbleu, et suez sang et eau pour bien étendre notre lessive. C'est un des points de notre arrangement.

Jacquinot

Je ne comprends pas ce que vous voulez faire. *(À part.)* Mais qu'est-ce qu'elle m'ordonne ?

La femme

Je vais te donner une bonne gifle ! Je te parle de soulever le linge, espèce d'idiot !

Jacquinot

Cela n'est pas sur mon rôlet.

La femme

Si, cela y est, vraiment !

Jacquinot

Non, par saint Jean !

La femme

Comment non ? Mais oui, ça y est, s'il te plaît ! Et celle-là, tu vas la sentir passer !

Elle lui donne une gifle.

Jacquinot

Holà ! Holà ! Je le veux bien ; vous avez raison, c'est vous qui dites vrai. Une autre fois, j'y penserai.

La femme

Elle lui tend le linge.

Tenez ce bout-là ; tirez, et tirez fort !

Ils sont montés sur un tabouret
et se font face de part et d'autre du cuvier.

Jacquinot

Palsambleu, que ce linge est dégoûtant ! Il sent bien les couches sales.

La femme

C'est plutôt votre haleine qui pue. Faites comme moi, gentiment.

Elle lui montre comment tordre le linge.

Jacquinot

Ma parole, il y a de la merde. Voici un ménage en triste état !

La femme

Je vais tout vous jeter à la figure ! Et ne pensez pas que ce soient des paroles en l'air.

Jacquinot

Non, par le diable, vous ne le ferez pas.

LA FEMME, *lui lançant le linge à la tête.*

Eh bien, sentez, monsieur le sot !

JACQUINOT

Dame, que diable ! Vous avez complètement sali mes vêtements.

LA FEMME

Faut-il chercher tant de prétextes pour se défiler[1], quand il y a du travail ? *(Elle lui met le linge dans les mains.)* Tenez donc le linge par votre bout ! Ah, vous mériteriez que la gale[2] vous ronge le corps ! *(Elle tombe dans la cuve.)* Mon Dieu, ne m'abandonnez pas ! Ayez pitié de ma pauvre âme ! *(À Jacquinot.)* Sortez-moi de là ! Ce serait une honte de mourir ainsi[3]. Jacquinot, secourez votre femme ! Tirez-la hors de ce baquet[4] !

JACQUINOT

Cela n'est pas sur mon rôlet.

LA FEMME

Ah, que ce tonneau me presse[5] ! Je suis en grande détresse et mon cœur s'oppresse. Hélas, pour l'amour de Dieu, venez donc m'aider !

JACQUINOT, *ricanant.*

Espèce de vieille bougresse, tu n'es qu'une ivrognesse, retourne tes fesses de l'autre côté !

LA FEMME

Mon bon mari, sauvez-moi la vie ! Je suis prête à m'évanouir. Donnez-moi la main un tantinet[6] !

1. Essayer d'échapper.
2. Maladie contagieuse de la peau, caractérisée par des démangeaisons.
3. La noyade était considérée comme une mort déshonorante.
4. Cuvier : voir note 1, p. 13.
5. M'étouffe.
6. Un peu.

JACQUINOT

Ce n'est pas sur mon rôlet ! Et celui qui dira le contraire ira en enfer.

LA FEMME

Hélas ! Si l'on ne vient pas s'occuper de moi, c'est la mort qui viendra me prendre.

JACQUINOT, *qui lit à voix haute son rôlet.*

« Pétrir le pain, le faire cuire, faire la lessive, passer la farine au bluteau, laver, décrasser le linge… »

LA FEMME

J'ai déjà le sang tout tourné, je suis sur le point de mourir.

JACQUINOT

« S'embrasser, se prendre au cou et se frotter… »

LA FEMME

Venez plutôt me secourir !

JACQUINOT

« Aller, venir, trotter, courir… »

LA FEMME

Je ne passerai pas ce jour[1].

JACQUINOT

« Faire cuire le pain, chauffer le four… »

LA FEMME

Allons, donnez-moi la main ! C'est bientôt la fin.

1. Je mourrai avant la fin de la journée.

JACQUINOT

« Emmener la mouture au moulin… »

LA FEMME

Vous êtes pire qu'un méchant chien !

JACQUINOT

« Faire le lit de très bonne heure le matin… »

LA FEMME

Hélas ! Vous prenez ça pour un jeu.

JACQUINOT

« Et puis mettre le pot au feu… »

LA FEMME

Mon Dieu ! Où est donc ma mère Jacquette ?

JACQUINOT

« Et tenir la cuisine nette… »

LA FEMME

Allez me chercher le curé !

JACQUINOT

J'ai bien lu tout mon papier. Mais ce n'est pas la peine d'en discuter davantage, je vous jure que ce n'est point sur mon rôlet.

LA FEMME

Et pourquoi ce n'est point écrit ?

Jacquinot

Parce que vous ne l'avez pas dit. Sauvez-vous comme vous voudrez. Car s'il ne tient qu'à moi, vous resterez là !

La femme

Regardez donc si vous voyez un valet dans la rue.

Jacquinot

Cela n'est pas sur mon rôlet.

La femme

Allons, donnez-moi la main, mon doux ami, car je n'ai pas la force de me soulever.

Jacquinot

« Ami » ? Ton pire ennemi, plutôt ! Je voudrais embrasser ton cadavre[1].

1. Allusion au baiser donné au mort avant l'enterrement.

Pause lecture 2

Scène 3

Un coup de théâtre

C'est du propre ! lignes 1 à 33

Avez-vous bien lu ?

Que doivent faire Jacquinot et sa femme ?

- ❑ Laver le linge.
- ❑ Repasser le linge.
- ❑ Étendre le linge.

Quel caractère !

1 Au début de la scène, sur quel ton parle la femme de Jacquinot ?

2 Quels pronoms personnels emploie-t-elle pour s'adresser à son mari ? Que révèle le changement ?

3 Par quelles expressions désigne-t-elle son mari ? Quelle est l'impression produite sur le spectateur ?

Des gestes qui font rire

4 Dans quelle position sont les personnages ? En quoi cette situation est-elle drôle ?

5 Relevez les didascalies. Quels gestes font rire le public ? Pourquoi ?

6 Comment réagit Jacquinot face aux agressions de sa femme ?

Des mots qui font rire

7 Quel niveau de langue utilise la femme ? Donnez des exemples.

8 Relevez le champ lexical de l'odeur. Qualifiez le rire qui naît de cette scène.

L'inversion des rôles lignes 27 à 74

Avez-vous bien lu ?

Pour quelle raison Jacquinot ne sort-il pas sa femme du cuvier ?

- ❑ Il doit accomplir toutes les tâches ménagères qu'elle lui a confiées.
- ❑ Il a un bébé dans les bras.
- ❑ L'occasion lui est donnée de se venger.

Une situation retournée

1 « Tomber bien bas » est une expression courante. Que signifie-t-elle ? À qui s'applique cette expression ici ?

2 Que montrent les guillemets et les points de suspension, p. 30 et 31 ?

3 À partir de la ligne 32, comment la femme appelle-t-elle son mari ? Et lui, comment désigne-t-il sa femme ? Commentez ce changement.

Une femme toute retournée

4 Pourquoi la femme change-t-elle de ton à partir de la ligne 30 ?

5 Que tente-t-elle de faire croire à son mari pour obtenir son aide ?

6 Citez la réplique qui montre qu'elle a compris la réaction de Jacquinot. Quelle est, pour elle, la seule solution ?

Jacquinot en maître du jeu

7 Quand Jacquinot se rend-il compte qu'il est en position de force ?

8 Quels effets produisent l'attitude de Jacquinot et les gestes de sa femme ?

9 Quels sentiments animent Jacquinot lorsqu'il relit le rôlet ?

Par-delà les rires

Avez-vous bien lu ?

Quelle excuse Jacquinot avance-t-il pour ne pas aider sa femme ?

- ❏ Il tient le rôlet dans les mains.
- ❏ Il s'est engagé à faire ce qui est écrit dans le rôlet et rien de plus.
- ❏ Il prétend ne pas avoir assez de force pour la sortir du cuvier.

Une vengeance annoncée

1 Trouvez dans la scène 1 la phrase qui annonce ce qui se déroule dans la scène 3.

2 À la fin de la scène 2, que promet exactement Jacquinot ? En quoi tient-il parole dans la scène 3 ?

3 Quels traits du caractère de Jacquinot révèle la scène 3 ?

La violence conjugale

4 Dans les lignes 48 à 65, relevez les mots qui riment. À quels champs lexicaux appartiennent les mots de la femme ? et ceux de Jacquinot ? Quel sentiment Jacquinot n'éprouve-t-il pas en voyant sa femme au fond du cuvier ?

5 À partir de quelle réplique la violence verbale de Jacquinot augmente-t-elle ? Que souhaite-t-il ?

Rire et mort

6 Relevez les mots qui appartiennent au champ lexical de la mort.

7 Le spectateur rit-il de la même façon au début et à la fin de la scène ?

8 Qui pourrait venir au secours de la femme de Jacquinot ?

Du texte à l'image

Observez l'aquarelle → voir dossier images p. III

Le Farceur médecin examinant l'urine du malade, aquarelle du XVIe siècle.

1 Que regarde la foule ?

2 À quels milieux sociaux appartiennent les spectateurs ?

3 Que fait le personnage à gauche de la scène ? En quoi cela a-t-il un lien avec la première partie de la scène 3 ?

À vous de jouer

Écrivez un récit

La femme de Jacquinot voit la situation se retourner contre elle. Vous aussi, il vous est certainement arrivé de vivre un événement qui ne se déroule pas comme prévu. Racontez.

Écrivez une scène de théâtre

Imaginez que Jacquinot ait pitié de sa femme et la sorte du cuvier. Écrivez le dialogue qui s'ensuit.

Jouez une scène de façon burlesque

Imaginez comment des clowns joueraient la scène 3 à partir du moment où Jacquinot et sa femme sont debout sur les tabourets.

Scène 4 ■ Jacquinot, sa femme, la mère de sa femme

La mère, *derrière le rideau.*

Holà ! Oh !

Jacquinot

Qui frappe à la porte ?

La mère

Quelqu'un de vos grands amis, parbleu ! *(Elle entre.)* Je passe par ici pour savoir comment on se porte.

Jacquinot

Très bien, puisque ma femme est morte. Tous mes souhaits sont exaucés[1] ; je ne m'en porte que mieux.

La mère

Hé ! Est-ce que ma fille a été tuée ?

Jacquinot

Elle s'est noyée dans la lessive.

La mère

Perfide[2] ! Meurtrier ! Qu'est-ce que tu racontes ?

Jacquinot

Je prie Dieu du paradis et monsieur saint Denis de France que le diable lui ouvre la panse[3] avant que son âme s'en soit allée !

1. Réalisés.
2. Traître.
3. Le ventre.

La mère

Hélas ! Ma fille est trépassée[1] ?

Jacquinot

En tordant le linge, elle s'est baissée ; puis elle a laissé échapper ce qu'elle tenait et elle est tombée là, tête la première.

La femme

Mère, regardez, je mourrai si vous ne me secourez pas.

La mère

Je ne suis pas assez habile pour ça. Jacquinot, votre main, s'il vous plaît.

Jacquinot

Cela n'est pas sur mon rôlet.

La mère

Vous avez vraiment tort.

La femme

Hélas ! Aidez-moi !

La mère

Infect saligaud ! La laisserez-vous mourir là-dedans ?

Jacquinot

Si ça ne tient qu'à moi, elle y restera ! Je ne veux plus être son valet.

La femme

Aidez-moi !

1. Morte.

JACQUINOT

Ce n'est point sur mon rôlet. Impossible de le trouver !

LA MÈRE

Diable ! Jacquinot, arrête de délirer et aide-moi à soulever ta femme !

JACQUINOT

Sur mon âme, je n'en ferai rien si on ne me promet d'abord que je serai désormais le maître chez moi.

LA FEMME

Si vous voulez bien me tirer d'ici, je le promets de bon cœur.

JACQUINOT

Et vous ferez donc...

LA FEMME

... tout le ménage, sans jamais rien vous demander, ni vous commander quoi que ce soit, sauf si c'est absolument nécessaire.

JACQUINOT

Eh bien, allons ! Il faut la sortir de là. Mais, par tous les saints de la messe, je veux que vous teniez la promesse que vous m'avez faite, exactement comme vous l'avez dit.

LA FEMME

Jamais je ne reviendrai là-dessus, mon ami, je vous le jure.

Jacquinot sort sa femme du cuvier.

Scène 5 ■ Jacquinot, sa femme, la mère de sa femme

Les acteurs font face aux spectateurs.

Jacquinot

Je serai donc désormais le maître… puisque ma femme est d'accord !

La mère

S'il y a de la discorde[1] dans un ménage[2], personne n'en tire aucun profit.

Jacquinot, *au public.*

C'est pourquoi je vous assure que c'est honteux, pour une femme, de faire de son maître[3] un valet, même si c'est un sot ou un ignorant.

La femme, *au public.*

Aussi, mal m'en a pris[4], comme vous venez de le voir ici. Mais désormais je ferai tout le ménage avec diligence[5] et je serai la servante, comme c'est mon devoir.

Jacquinot

Je serai heureux, si le marché tient, car je vivrai sans souci.

La femme

Je tiendrai ce marché, soyez-en sûr. Je vous le promets, c'est normal : vous serez le maître à la maison, j'ai bien réfléchi maintenant.

1. Mésentente.
2. Couple.
3. Mari.
4. Cela m'a porté malheur.
5. Soin et rapidité.

JACQUINOT

Dans ces conditions, je ne serai plus cruel avec vous. *(Au public.)* Comprenez à demi-mot : une incroyable folie m'a fait agir en dépit du bon sens. Mais les mauvaises langues sont bien remises à leur place de voir que ma femme s'est ralliée à ma cause, après avoir eu la fantaisie[6] de m'asservir[7]. Adieu, voilà qui servira de conclusion.

Ainsi se termine La Farce du cuvier, *imprimée nouvellement.*

6. L'idée un peu folle.
7. Me réduire en esclavage.

Pause lecture 3

Scènes 4 et 5

La morale de la farce

La victoire de Jacquinot scène 4

Avez-vous bien lu ?

Pourquoi la mère revient-elle en scène ?

- ❑ Parce qu'elle a oublié quelque chose chez sa fille.
- ❑ Parce qu'elle est curieuse de voir si tout va bien.
- ❑ Parce qu'elle doit aider sa fille pour la lessive.

Une fourberie

1 Imaginez un jeu de scène qui explique que la mère ne voit pas le cuvier.

2 Relevez le champ lexical de la mort, de la ligne 5 à la ligne 22. De quoi rient les spectateurs dans la réplique de Jacquinot (lignes 5 et 6) ?

3 Comment réagit la mère ? et le public ? Quel avantage Jacquinot a-t-il sur sa belle-mère ?

Une situation sans issue

4 À quel moment la mère sait-elle qu'elle a été trompée ? Imaginez l'expression de son visage. Quelle est la réaction du public ?

5 À quelle réplique la mère comprend-elle que seul Jacquinot peut sauver sa fille ? Appuyez-vous sur le changement des pronoms personnels.

Jacquinot, maître en sa maison

Avez-vous bien lu ?

À quelle condition Jacquinot accepte-t-il de sortir sa femme du cuvier ?

❏ Elle doit promettre d'être aimable avec lui.

❏ Elle doit promettre de faire toutes les tâches ménagères.

❏ Elle doit promettre de lui obéir.

La parole au théâtre

1 Relevez les mots et expressions de la parole donnée.

2 Quel est le temps verbal dominant ? Quelle est sa valeur ?

3 À votre avis, pourquoi Jacquinot n'exige-t-il pas de sa femme l'écriture d'un rôlet ?

Tel est pris qui croyait prendre

4 Scène 5, dans les lignes 5 à 15, que promet la femme de Jacquinot ? En quoi peut-on dire qu'il y a un retour à la normale, pour les mentalités du Moyen Âge ?

5 Dans quelle situation se retrouve la femme de Jacquinot ?

6 Comment appelle-t-elle son mari à la fin de la scène 4 ? Que révèle ce mot ?

Tout est bien qui finit bien

Avez-vous bien lu ?

À qui parle Jacquinot ?

- ❑ À sa femme.
- ❑ À sa femme et à sa belle-mère.
- ❑ Aux spectateurs.

Une nouvelle distribution des rôles (scènes 4 et 5)

1 Quel est le temps verbal employé par la mère dans sa réplique (lignes 3-4, sc. 4) ? Quelle est sa valeur ? À quoi ressemble cette phrase ?

2 À quoi s'engage la femme de Jacquinot (lignes 8-10, sc. 5) ? Pourquoi ?

3 Quelle promesse Jacquinot tiendra-t-il et pourquoi (ligne 16, sc. 5) ?

Une conclusion logique (scène 5)

4 Relevez, de la ligne 1 à la ligne 21, tous les mots qui expriment des rapports logiques. Pourquoi sont-ils aussi nombreux ?

5 Pour quelle raison la femme de Jacquinot tiendra-t-elle sa promesse (lignes 8 à 10) ? Qu'est-ce qui le prouve dans la réplique suivante ?

Une conclusion pour tous (scène 5)

6 « Je vous assure... » (ligne 5), « comme vous venez de le voir ici » (ligne 8) : qui est désigné par « vous » ? Quel est l'effet produit ?

7 Qui sont les « mauvaises langues » dont parle Jacquinot à la ligne 18 ?

8 Résumez en une phrase la morale de cette farce.

Du texte à l'image

Observez le tableau → voir dossier images p. IV

1 Décrivez le bâtiment au fond à droite de l'image. Que voyezvous à son fronton ? Où s'est installé le théâtre ?

2 Décrivez les costumes et les accessoires des comédiens. Qui les utilise aujourd'hui ?

Kermesse, David Vinckboons, école flamande, XVIIe siècle.

À vous de jouer

Écrivez une lettre

Vous vivez en 1460 et vous êtes marchand. À l'occasion d'une foire, vous avez assisté à une représentation de *La Farce du cuvier*. Le soir, de retour à l'auberge, vous écrivez à votre épouse. Vous lui racontez la pièce et lui faites part de vos réactions de spectateur.

Présentez une opinion

Quelle devrait être, à votre avis, la répartition des tâches dans un couple ?

Débat

Pourrait-on rire aujourd'hui sur un tel sujet ?

Questions sur...

La Farce du cuvier

1. Une lessive mouvementée

1 Quelles sont les relations entre Jacquinot et sa femme ? De qui la mère Jacquette prend-elle toujours le parti ? (2 points)

2 **a.** Qu'est-ce que la femme de Jacquinot fait signer à son mari ? À quoi s'engage celui-ci ?
b. De quoi se plaint Jacquinot ?
c. À quelle occasion Jacquinot va-t-il réussir à se révolter contre sa femme ? (3 points)

3 Comment Jacquinot se venge-t-il de toutes les humiliations subies ? (1 point)

2. La farce au service d'une morale

4 Que finit par faire Jacquinot ? Quelles sont ses conditions ? (2 points)

5 En quoi Jacquinot et sa femme ont-ils changé à la fin de la farce ? (2 points)

6 Citez trois défauts dénoncés par la farce. (3 points)

3. Le comique de la farce

7 Citez un exemple : de comique de gestes ; de comique de mots ; de comique de situation ; de comique de caractère. (4 points)

8 Observez la photographie ci-contre. Qui est au premier plan ? au second ? Décrivez les attitudes des deux personnages. En quoi rappellent-elles les personnages de la farce ? (1 point)

9 Retrouvez deux thèmes communs à cette photographie et à la farce. (1 point)

10 Quel est le but de la farce ? de la photographie ? (1 point)

La femme au XX*e siècle : jour de lessive*, photographie, 1901.

Après la lecture

Genre

De la cuisine au rire

Thèmes

Du théâtre au cinéma

De la cuisine au rire

◆ Une étymologie qui joue des tours

En cuisine, la farce est un mélange dont on remplit les volailles pour leur donner davantage de saveur. On aurait donné ce nom à de petites scènes comiques, destinées à faire rire le public des drames religieux, qui étaient farcies de « farces » !

> « « Farce » signifie « tromperie ».. »

Dès le XIIIe siècle, le mot farce signifie « tromperie ». Au début du XVe siècle apparaît le sens de **« petite pièce de théâtre comique »**. La farce est un artifice : ce terme vient du mot fard.

◆ Composer une farce

La farce est une pièce courte (elle compte en général moins de 500 vers de 8 syllabes ou octosyllabes), avec **peu de personnages**. *La Farce du cuvier* compte 332 vers, à l'origine sans division en scènes, et présente trois personnages : un homme, sa femme et sa belle-mère.

Le terme de farce désigne bon nombre de pièces de théâtre ; pour préciser, on ajoute des adjectifs. Ainsi *La Farce du cuvier* est-elle qualifiée de **« farce très bonne et fort joyeuse »**.

Le sujet d'une farce est tiré de la vie **quotidienne** et met en scène une lutte : querelle conjugale, conflit dans une profession ou dans un rapport social. La Farce du cuvier reprend le thème de la lutte conjugale : qui dirigera le ménage ?

◆ Jouer une farce

La Farce du cuvier est une **farce d'échafaud**, ou théâtre en plein air sur la place publique, car il n'existe pas de théâtres construits à cette époque. Les tréteaux sont dressés et tout le monde est convié à la représentation. Sur l'estrade, qui mesure en moyenne trois mètres sur deux, il n'y a pas beaucoup de place. Il n'y a donc pas de décor. **Quelques accessoires** font l'affaire : des objets courants, comme le cuvier de notre farce, une table, un banc. Ces objets n'appartenaient d'ailleurs pas forcément aux acteurs : regardez bien le tableau de Pieter Balten (page I), vous y verrez un acteur qui prend un tabouret des mains d'un spectateur !

Malgré l'étroitesse de leur échafaud, les comédiens se ménagent un espace hors de la vue du public, derrière **un rideau qui coulisse** sur un fil, pour se préparer ; ils s'habillent comme dans la vie quotidienne : ainsi le public de La Farce du cuvier reconnaît aisément à leurs habits la jeune femme et sa mère... et pourtant, **ce sont des hommes qui jouent !** Jacquinot dans notre farce, se maquille, s'enfarine le visage et porte souvent un drôle de bonnet, un béguin.

◆ C'est pour rire !

Dans la farce, le personnage que préfère le public, c'est sans doute celui dont on rit le plus : le personnage du **badin, le naïf un peu bêta** auquel s'apparente Jacquinot. Mais la farce ne se contente pas de copier la vie quotidienne de façon réaliste ; au contraire, tout contribue au rire : **costumes, gags scéniques, mimiques et gestes**. Les farceurs n'hésitent pas à grossir les traits et se bagarrent à tout propos. On ruse, on trompe et l'on se déguise. C'est l'influence du **carnaval** : on transgresse, **on inverse les rôles**, mais c'est pour rire ! Le public est ravi de ces exagérations, de cette mascarade où **les objets voltigent** : dans *La Farce du cuvier*, la femme n'hésite pas à lancer droit sur son mari les langes sales du bébé.

« Tout contribue au rire. »

Alors que la religion a une très grande influence au Moyen Âge, la farce présente des couples égoïstes, qui souhaitent assouvir leurs désirs. En réalité, les apostrophes à Dieu et aux saints prouvent bien que la farce est **décalée par rapport à la morale chrétienne**. Elle montre ce qu'il y a de plus animal en chacun de nous... ■

Du théâtre au cinéma

◆ La *commedia dell'arte*

Dans la seconde moitié du XVIe siècle se développe, en France, la **comédie italienne**, ou *commedia dell'arte*, qui reprend des types et des situations de la farce.

Les Italiens sont des **acteurs professionnels** ; ils jouent dans la rue, sur un théâtre à tréteaux, avec des **costumes et des masques propres à chaque personnage**. Comme dans *La Farce du cuvier*, ils gesticulent, font des mimiques en se jouant des tours. Cependant, avec la *commedia dell'arte*, on voit apparaître au théâtre des couples de fiancés aux amours contrariées. On s'éloigne des problèmes de Jacquinot et de sa femme !

« La comédie italienne reprend des situations de la farce. »

◆ Cirque et théâtre

Les bateleurs, appelés aussi « bouffons de comédie » ou « flusteurs », sont les premiers, certainement, à avoir attiré les badauds avec force pitreries et jongleries. Les **baladins** sont des comédiens de métier. Ils continuent de jouer et de danser dans la rue : le cirque et les clowns sont nés. Certains comédiens sont rattachés à un théâtre, comme celui de l'Hôtel de Bourgogne à Paris. Les plus célèbres sont Turlupin, Guillaume et Guillot-Gorju qui, en 1620, interprète le rôle d'un mari badin.

◆ Le cinéma

Le burlesque repose sur **le décalage**. Ainsi, dans la scène du cuvier, Jacquinot lit son rôlet tandis que sa femme est sur le point de se noyer. De ce décalage naît le comique. Dans le **cinéma burlesque des années 1920**, le corps est omniprésent : on le noie, on le frappe, on le bouscule. Dans *Charlot marin* (1915), le père de la fiancée de **Charlot** le pousse à l'eau pour qu'il n'épouse pas sa fille. Dans *Charlot fait une*

La Cure, Charlie Chaplin, 1917.

cure (1917), Charlot, alcoolique, doit suivre une cure de désintoxication. Il emporte quand même avec lui des bouteilles d'alcool qu'il vide dans l'eau de la station... à la grande satisfaction des curistes saisis de frénésie. À la fin du film *Day Dreams* (1922), **Buster Keaton** tourne dans une roue de bateau, comme une souris dans sa cage, puis tombe à l'eau. Une fois repêché, il est utilisé comme appât. Comme Jacquinot, les personnages de ces films évoluent dans un milieu qui leur est hostile.

« *Le comique l'emporte toujours..* »

La farce théâtrale ou cinématographique ne tourne cependant jamais au tragique. Le comique l'emporte toujours, pour le plus grand plaisir des petits et des grands !

Scène 1 ■ Pathelin, Guillemette

Maître Pierre Pathelin commence.

Pathelin

Sainte Marie ! Guillemette, malgré tout le mal que je me donne à chaparder[1] et à ramasser, nous ne pouvons rien amasser ; j'ai pourtant connu un temps où j'étais avocat !

Guillemette

Par Notre Dame, j'y pensais à votre métier d'avocat ; mais on ne vous tient plus pour aussi habile qu'avant, et de loin. J'ai connu un temps où chacun voulait vous avoir pour gagner son procès ; maintenant, chacun vous appelle partout l'avocat sans cause[2].

Pathelin

Soit dit sans me vanter, il n'y a pas, dans la juridiction[3] où nous tenons notre audience[4], d'homme plus habile, excepté le maire.

Guillemette

C'est qu'il a lu le grimaire[5] et a longtemps étudié.

Pathelin

À qui croyez-vous que je n'expédie sa cause[6], si je veux m'y mettre ? Et pourtant je n'ai appris que fort peu de latin ; mais j'ose me vanter que je sais aussi bien chanter au lutrin[7] avec notre prêtre que si j'avais été à l'école aussi longtemps que Charlemagne en Espagne.

1. Voler.
2. Sans client à défendre.
3. La région.
4. Séance de jugement.
5. Jeu de mots sur « grimoire », livre de sorcellerie, et « grammaire ».
6. Gagne son procès.
7. Pupitre où l'on place le livre de chant dans une église.

Guillemette

Qu'y gagnons-nous ? Des clous ! Nous mourons carrément de faim ; nos habits sont plus transparents qu'une étamine[1] et nous ne savons pas comment faire pour en avoir d'autres. À quoi donc nous sert votre science ?

Pathelin

Taisez-vous ! Par mon âme, si je veux exercer mon esprit, je saurai bien où trouver des robes[2] et des chaperons[3] ! S'il plaît à Dieu, nous nous en tirerons, et nous serons remis sur pied dans un instant. Allons, que diable ! En moins d'un instant, Dieu fait des miracles ! Si je m'applique à montrer mon savoir-faire, on ne pourra trouver mon égal.

Guillemette

Votre égal en tromperie ? Non, par saint Jacques : vous y êtes bien passé maître.

Pathelin

Par Dieu ! plutôt maître en bonne plaidoirie[4] !

Guillemette

Non, maître en fourberie[5] ! Je m'en rends compte : sans instruction ni sens commun, tel que vous êtes, on vous tient pour le filou le plus habile de la paroisse.

Pathelin

Personne ne s'y connaît mieux dans l'art de plaider.

Guillemette

Grand Dieu ! Plutôt dans l'art de tromper ; du moins, vous en avez la réputation.

1. Tissu très fin.
2. Portées par les avocats et les médecins.
3. Chapeaux souvent entourés d'une écharpe d'étoffe.
4. Discours de l'avocat pour défendre son client.
5. Tromperie.

PATHELIN

C'est la réputation de ceux qui sont vêtus de drap fin et de soie, qui disent qu'ils sont avocats, mais ne le sont pourtant pas. Laissons là ce bavardage ; je veux aller à la foire.

GUILLEMETTE

À la foire ?...

PATHELIN

Oui, vraiment, à la foire ! *(Il fredonne.)* « À la foire, gentille marchande... » Cela vous déplaît-il si je marchande du drap ou quelque autre babiole[6] qui soit bonne pour notre ménage ? Nous n'avons plus un vêtement qui vaille la peine d'être porté.

GUILLEMETTE

Vous n'avez pas non plus le moindre sou vaillant ; que ferez-vous là-bas ?

PATHELIN

Vous n'y connaissez rien, belle dame ! Si tout à l'heure vous n'avez pas du drap largement pour nous deux, traitez-moi de menteur sans hésiter. Quelle couleur vous semble la plus belle : un gris vert, un ton plus foncé ou un autre ? Il faut que je le sache.

GUILLEMETTE

Ce que vous pourrez avoir : quand on emprunte, on n'a pas le choix.

PATHELIN, *en comptant sur ses doigts.*

Pour vous, deux aunes[7] et demie, et pour moi, trois, et même quatre, ça fait...

6. Objet sans importance.
7. Ancienne mesure de longueur, environ 1 m 20.

GUILLEMETTE

Vous comptez large ! Et qui diable vous les prêtera ?

PATHELIN

Qui me les prêtera ? Qu'est-ce que ça peut vous faire ? On me les prêtera, c'est sûr, et ce sera à rendre au jour du Jugement dernier[1], pas avant !

GUILLEMETTE

Allez-y, mon ami ; de toute façon, le trompeur sera trompé.

PATHELIN

J'achèterai du drap gris ou vert. Et pour une couverture, Guillemette, il me faut trois quarts d'aune de brunette[2], ou même une aune.

GUILLEMETTE

Que Dieu m'aide ! Allez, et si vous trouvez Martin Garant[3], n'oubliez pas de boire !

PATHELIN

Gardez bien la maison.

Il sort.

GUILLEMETTE, *seule.*

Ah, mon Dieu ! Quel marchand va-t-il rencontrer ! Pourvu qu'il n'y voie rien !

1. À la fin du monde.
2. Tissu de couleur foncé.
3. Personnage imaginaire qui garantissait le paiement des dettes.

Scène 2 ■ Pathelin, Guillaume, Joceaulme le drapier

Pathelin, *seul, regardant la boutique du drapier.*

Est-ce que c'est là ? J'ai un doute… Oui, le voilà, par sainte Marie. Il est dans la draperie. *(Entrant dans la boutique du drapier.)* Dieu soit avec vous !

Guillaume

Que Dieu vous donne joie !

Pathelin

Mais bien sûr, Dieu me donne joie : j'avais une si grande envie de vous voir ! Comment va la santé ? Êtes-vous en pleine forme, Guillaume ?

Guillaume

Oui, par Dieu !

Pathelin

Allons, serrez-moi la main. Comment ça va ?

Guillaume

Bien, bien, vraiment. À votre service. Et vous ?

Pathelin

Par saint Pierre l'apôtre, comme un homme qui est tout à votre service. Alors, les temps sont bons ?

Guillaume

Bons, à la vérité ! Mais les marchands ne font pas toujours ce qu'ils veulent, je vous prie de le croire.

PATHELIN

Comment vont les affaires ? Ça marche ? Vous trouvez de quoi vivre ?

GUILLAUME

Mon Dieu, mon cher maître, je ne sais pas ; on n'arrête jamais !

PATHELIN

Ah ! que c'était un homme savant que votre père ! Dieu ait son âme. Douce Mère ! À mon avis, c'est clair, quand on vous voit, on voit votre père ! C'était un bon marchand, plein d'habileté. Vous lui ressemblez de visage, parbleu[1] ! Vous êtes tout son portrait ! Si jamais Dieu a eu pitié d'un homme, qu'il accorde tout son pardon à l'âme de votre père.

GUILLAUME

Amen ! Et à nous aussi, par sa grâce !

PATHELIN

Ma foi, il m'a souvent prédit, dans le moindre détail, ce que nous vivons aujourd'hui. Je m'en suis souvenu bien des fois. Et depuis ce temps, on le considère comme un brave homme.

GUILLAUME, *offrant un siège.*

Asseyez-vous, mon cher monsieur ! Il serait bien temps de vous le dire, mais c'est ma façon d'être poli.

PATHELIN

Je suis bien debout. Par le précieux corps de Dieu, il avait…

1. Juron : « Par Dieu ».

GUILLAUME, *insistant.*

Vraiment, asseyez-vous…

PATHELIN, *s'asseyant.*

Volontiers. « Ah ! Vous verrez, me disait-il, bien des choses extraordinaires ! » Mon Dieu ! Des oreilles, du nez, de la bouche et des yeux, jamais aucun enfant n'a mieux ressemblé à son père. Cette fossette au menton ! Vraiment c'est tout à fait lui ! Si quelqu'un disait à votre mère que vous n'êtes pas le fils de votre père, c'est qu'il aurait une grande envie de dispute. Sans mentir, je ne comprends pas comment la nature a pu créer deux visages si ressemblants, portant les mêmes marques : son portrait tout craché ! Même allure, même manière, on ne voit pas de différence. Dites-moi, monsieur, la bonne Laurence, votre belle tante, est-elle morte ?

GUILLAUME

Non, que diable !

PATHELIN

Je l'ai connue belle, grande, droite, et gracieuse ! Par la précieuse Mère de Dieu, vous lui ressemblez, par la taille comme si vous étiez du même moule. Dans ce pays, il n'y a pas, me semble-t-il, de famille où l'on se ressemble davantage : plus je vous vois… par Dieu le Père !… plus je crois voir votre père. Vous lui ressemblez comme deux gouttes d'eau, ça ne fait aucun doute. Quelle personne respectable ! Le bon et honnête homme ! Et pour ses marchandises, il faisait crédit à qui voulait. Dieu lui pardonne ! Il avait pris l'habitude avec moi de rire de si bon cœur ! Plaise à Jésus-Christ que les méchants de ce monde lui ressemblent ! On ne volerait pas, on ne chiperait pas comme l'on fait !... *(Il touche une pièce de tissu.)* Que ce drap est bien fait ! Qu'il est soyeux, doux, et agréable !

GUILLAUME

Je l'ai fait faire tout exprès avec la laine de mes brebis.

PATHELIN

Eh bien, quel homme d'affaires vous êtes ! Autrement, vous ne seriez pas le fils de votre père : vous ne cessez jamais de travailler, jamais !

GUILLAUME

Que voulez-vous ! Si l'on veut vivre, il faut travailler dur et prendre de la peine.

PATHELIN, *touchant un autre drap.*

Celui-ci, c'est de la laine teinte ? Il est solide comme un cuir de Cordoue[1] !

GUILLAUME

C'est un très bon drap de Rouen[2], je vous le garantis, et tissé bien serré.

PATHELIN

Oui, vraiment, je vais me laisser tenter. Par la Passion de Notre Seigneur, je n'avais pas l'intention d'acheter du drap quand je suis venu. J'avais mis de côté quatre-vingts écus[3] pour rembourser un emprunt ; mais vous en aurez vingt ou trente, je le vois bien, car la couleur me plaît tant que j'en ai mal.

1. Ville d'Espagne célèbre pour la qualité de ses cuirs.
2. Ville réputée pour ses tissus.
3. Pièces d'or plus recherchées que les pièces d'argent, qui ont moins de valeur.

GUILLAUME

Des écus ? Vraiment ? Ceux à qui vous devez rembourser pourraient-ils accepter des pièces d'argent ?

PATHELIN

Mais oui, si je le voulais ; ça ne fait pas de différence, quand on paie. *(Reprenant le drap.)* Qu'est-ce que c'est que ce drap ? Vraiment, plus je le vois, plus j'en raffole. Bref, il m'en faut pour me faire un habit, et à ma femme aussi.

GUILLAUME

Ce drap est aussi cher que de la crème ! Vous en aurez si vous voulez : dix ou vingt francs seront vite filés !

PATHELIN

Peu m'importe ! La qualité a son prix ! J'ai encore des deniers[4] et des piécettes sans père ni mère[5].

GUILLAUME

Dieu en soit loué ! Par saint Pierre, ça n'est pas pour me déplaire.

PATHELIN

Bref, je veux à tout prix cette pièce de drap, il faut que je l'aie.

GUILLAUME

Il faut d'abord décider combien vous en voulez. Tout est à votre disposition, toute la pile, même si vous n'aviez pas un sou.

PATHELIN

Je le sais bien, je vous en remercie !

4. Monnaie en cuivre de très petite valeur.
5. Qui ne sont pas encore nées. Pathelin fait semblant de parler d'un héritage.

GUILLAUME

Voulez-vous de celui-ci, le bleu clair ?

PATHELIN

Avant, dites-moi combien me coûtera la première aune ? Dieu sera payé en premier, c'est justice : voici un denier ; ne faisons rien sans Dieu.

Le paiement à Dieu

Au début d'une transaction, le client offrait à Dieu un denier symbolique. Cette somme était versée à une œuvre de bienfaisance ou à un ordre religieux.

GUILLAUME

Vous êtes un honnête homme, et j'en suis très heureux. Voulez-vous savoir mon dernier prix ?

PATHELIN

Oui.

GUILLAUME

Chaque aune vous coûtera vingt-quatre sous[1].

PATHELIN

Non ! Vingt-quatre sous ! Sainte Dame !

GUILLAUME

Sur mon âme, c'est ce qu'il m'a coûté ! C'est le prix que je dois en tirer si vous l'achetez.

PATHELIN

C'est trop !

GUILLAUME

Ah ! Vous ne savez pas combien le drap a augmenté ! C'est que tout le bétail est mort, cet hiver, à cause du grand froid[2].

1. Vingt-quatre sous valent un écu.
2. Allusion à l'hiver 1464, particulièrement rigoureux.

Pathelin

Vingt sous ! Vingt sous !

Guillaume

Et je vous jure que j'en aurai le prix que je demande. Attendez jusqu'à samedi, vous verrez ce qu'il vaut. La toison[3], dont on ne manque pas d'habitude, m'a coûté, à la Sainte-Madeleine, huit blancs[4], je vous le jure ! Huit blancs, la laine que j'avais d'habitude pour quatre !

Pathelin

Palsambleu je ne discute plus, dans ces conditions, j'achète ; allez, mesurez !

Guillaume

Alors, dites-moi : combien vous en faut-il ?

Pathelin

C'est facile à savoir. En quelle largeur est-il ?

Guillaume

Celle de Bruxelles[5].

Pathelin

Trois aunes pour moi, et pour ma femme… elle est grande… Deux et demie. Ça fait six aunes, n'est-ce pas ?… Mais non, que je suis bête !

Guillaume

Il ne manque qu'une demi-aune pour faire les six exactement.

3. Laine.
4. Monnaie en métal blanc.
5. Deux aunes environ, soit 2,40 m.

Pathelin

J'en prendrai six, pour faire un compte rond. Il me faut aussi un chaperon.

Guillaume, *lui présentant son aune*[1]*.*

Prenez, nous allons mesurer. Elles y sont largement. *(Il mesure.)* Une et deux, et trois et quatre, et cinq, et six.

Pathelin

Ventre saint Pierre ! C'est tout juste !

Guillaume

Je mesure à nouveau ?

Pathelin

Non, mais ce n'est qu'un petit bout ! Il y a toujours perte et profit sur la marchandise. Combien vaut le tout ?

Guillaume

Nous allons le savoir. À vingt-quatre sous l'aune, ça fait neuf francs pour les six.

Pathelin

Allons, c'est bon pour cette fois ! Ça fait six écus ?

Guillaume

Mon Dieu, oui, tout juste.

Pathelin

Eh bien ! monsieur, voulez-vous me faire crédit jusqu'à tout à l'heure quand vous viendrez ? *(Guillaume fronce les sourcils.)* Non pas « faire crédit » ! Mais venez prendre la somme chez moi, en or ou en argent.

1. Sa règle, pour mesurer l'étoffe.

GUILLAUME

Par Notre Dame ! Ça me fera un grand détour, d'aller par là.

PATHELIN

Eh ! Par Monseigneur saint Gilles, voilà que votre bouche ne dit pas la vérité ! Un détour, certes ! Mais vous ne trouvez jamais une occasion pour venir boire un verre chez moi ; eh bien, cette fois-ci, vous le boirez !

GUILLAUME

Mais, par saint Jaques, je ne fais presque que boire ! J'irai, mais il n'est pas bon de faire crédit sur la première vente.

PATHELIN

Mais cette première vente, je la règle en écus d'or et non pas en pièces d'argent ! Eh, parbleu ! Vous mangerez d'une oie[2], que ma femme fait rôtir.

GUILLAUME

(À part.) Vraiment, cet homme me rend fou ! *(À Pathelin.)* Allez devant : j'irai donc et je porterai le drap.

PATHELIN

Pas du tout ! Il ne me gênera pas du tout, sous mon bras.

GUILLAUME

Ne vous dérangez pas ; il vaut mieux que je le porte, c'est plus convenable.

PATHELIN

Que sainte Madeleine me fasse passer un mauvais moment, si vous prenez cette peine. Je vous l'ai dit : sous

2. Au sens figuré, signifie « être trompé par une ruse ».

le bras. Ça me fera une belle bosse ! Ah ! Ça va très bien comme ça. *(Il cache le drap sous son habit.)* On boira et on fera bombance[1] chez moi avant que vous ne partiez.

GUILLAUME

Je vous prie de me donner mon argent dès que j'y serai.

PATHELIN

Mais oui !... Eh, parbleu, non, bien sûr ! Pas avant que vous n'ayez fait honneur au repas. Je voudrais ne pas avoir sur moi de quoi vous payer pour que vous veniez goûter mon vin. Feu votre père[2] appelait toujours, en passant : « Compère ! Qu'est-ce que tu dis ?... » ou « Compère ! Qu'est-ce que tu fais ?... » Mais vous, les riches, vous ne faites aucun cas des pauvres hommes !

GUILLAUME

Eh, palsambleu ! C'est nous les plus pauvres...

PATHELIN

Allons ! Adieu, adieu ! Rendez-vous tout à l'heure chez moi et nous boirons bien, je vous le garantis !

GUILLAUME

Oui, c'est entendu. Partez devant, et payez-moi en or !

Pathelin s'en va.

PATHELIN, *dans la rue.*

De l'or ? Et quoi donc ? De l'or ! Que diable, je n'en ai jamais manqué ! *(À part.)* De l'or ! Qu'il soit pendu ! Son drap, il ne me l'a pas vendu à mon prix mais au sien ; maintenant il sera payé au mien ! Il lui faut de l'or ? On le lui fabrique ! Plaise à Dieu qu'il ne courre jusqu'au

1. La fête.
2. Votre père qui est mort.

paiement complet ! Par saint Jean ! Il ferait plus de chemin qu'il n'y en a jusqu'à Pampelune !

GUILLAUME, *chez lui.*

Les écus qu'il me donnera ne verront pas de sitôt le soleil ni la lune[3], à moins qu'on ne me les vole. Il n'est pas de client si habile, qu'il ne trouve un vendeur plus habile encore ; ce trompeur-là est bien naïf : il a pris à vingt-quatre sous un drap qui n'en vaut pas vingt !

Scène 3 ▪ PATHELIN, GUILLEMETTE

Chez Pathelin.

PATHELIN

Alors… j'en ai ?

GUILLEMETTE

De quoi ?

PATHELIN

Qu'est devenue votre vieille robe ?

GUILLEMETTE

Est-ce vraiment la peine d'en parler ? Que voulez-vous en faire ?

PATHELIN

Rien, rien ! Est-ce que j'en ai ? Je vous l'avais bien dit… et ça… *(Il montre le drap caché sous sa robe.)*, c'est bien du drap ?

3. Je cacherai les écus.

GUILLEMETTE

Sainte Mère ! Je parierais, sur mon âme, que vous l'avez eu grâce à une fourberie. Grand Dieu ! Qu'est-ce que c'est que cette histoire ? Hélas, hélas ! Qui le paiera ?

PATHELIN

Qui ? Par saint Jean, il est déjà payé ! Le marchand qui me l'a vendu n'est pas fou, ma chère ! Que je sois pendu s'il n'est saigné à blanc[1]... blanc comme plâtre ! Ce sale méchant fripon en est tout étranglé !

GUILLEMETTE

Combien coûte-t-il donc ?

PATHELIN

Je ne dois rien. Il est payé, ne vous inquiétez pas.

GUILLEMETTE

Vous n'aviez pas le moindre sou ! Il est payé ? en quelle monnaie ?

PATHELIN

Palsambleu ! Bien sûr que j'en avais, madame : j'avais un parisis[2] !

GUILLEMETTE

C'est bien joué ! Vous l'avez payé avec une obligation ou une reconnaissance de dette ; c'est comme ça que vous l'avez eu ! Et quand l'échéance arrivera, on viendra nous saisir ; on nous enlèvera tout ce que nous avons !

PATHELIN

Palsambleu, tout cela n'a coûté qu'un denier.

Emprunter de l'argent

Lorsqu'on empruntait de l'argent au Moyen Âge, on signait une obligation par laquelle on s'engageait à payer une certaine somme d'argent, ou une reconnaissance de dette dans laquelle on certifiait devoir de l'argent à quelqu'un. Le remboursement devait avoir lieu avant l'échéance, c'est-à-dire avant une date convenue. Si l'emprunteur ne pouvait pas payer, on saisissait ou prenait ses biens qui étaient vendus au bénéfice du prêteur.

1. Ruiné.
2. Denier de Paris.

→ Du texte à l'image p. 26

Foire paysanne flamande

Peinture à l'huile
de Pieter Balten
(1525-1598)

→ Du texte à l'image p. 26

La Farce du cuvier

gravure de Jean Geoffroy, XIXe siècle

→ Du texte à l'image p. 36

Le Farceur médecin examinant l'urine du malade

aquarelle du XVIe siècle

→ Du texte à l'image p. 50

Kermesse

David Vinckboons
École flamande,
XVIIe siècle

GUILLEMETTE

Benedicite, Maria[3] ! Un seul denier ! C'est impossible.

PATHELIN

Vous pouvez m'arracher un œil si le marchand en a davantage. Il pourra toujours chanter !

GUILLEMETTE

Et qui est-ce ?

PATHELIN

Un certain Guillaume, Guillaume Joceaulme, si vous voulez tout savoir.

GUILLEMETTE

Mais comment avez-vous pu l'avoir pour un denier ? Quel tour lui avez-vous joué ?

PATHELIN

Le coup du denier à Dieu[4] ! Et encore, si j'avais mis la main sur le pot de vin[5], j'aurais pu garder mon denier ! Enfin, c'est du beau travail ! Dieu et lui se partageront mon denier si bon leur semble, c'est tout ce qu'ils auront ! Ils pourront toujours chanter, crier, brailler, rien n'y fera !

GUILLEMETTE

Comment avez-vous fait pour qu'il accepte de vendre à crédit, lui qui est si dur en affaires ?

PATHELIN

Par sainte Marie la belle, je l'ai flatté, j'ai tant doré son blason[6], qu'il m'en a presque fait cadeau ! Je lui disais que

3. En latin : « Bénissez-nous, Marie ! »
4. Voir encadré, p. 66.
5. Geste qui indique que le marché est conclu.
6. Loué, flatté sa famillle, sa réussite.

feu son père était un homme d'une grande valeur ! « Ah, ai-je fait, mon ami, quelle bonne famille que la vôtre ! Vous êtes du lignage[1] le plus estimable des environs ! » Mais je veux bien reconnaître Dieu, s'il ne sort pas en réalité d'une sale engeance[2], la pire espèce de canaille qui soit en ce royaume ! « Ah ! lui dis-je, mon ami Guillaume, comme vous ressemblez à votre honnête homme de père, en visage et en tout ! » Dieu sait combien j'ai entassé de flatteries en y mêlant des compliments sur sa draperie. « Et puis, ai-je ajouté, votre père vendait ses marchandises à crédit avec tant d'amabilité ! Et vous, vous êtes son portrait craché ! » Pourtant on aurait arraché les dents du vilain marsouin de père et de son babouin de fils avant qu'ils ne prêtent ça *(Il fait claquer son ongle entre ses dents.)* ou qu'ils ne disent mot aimable ! Mais enfin, je l'ai tant abreuvé de belles paroles, qu'il m'en a prêté six aunes !

GUILLEMETTE

Que vous ne rendrez jamais ?

PATHELIN

C'est comme ça qu'il faut le comprendre. Les rendre ? C'est le diable qu'on lui rendra !

GUILLEMETTE

Ça me rappelle la fable du corbeau qui était perché sur une croix de cinq ou six toises[3] de haut, et qui tenait en son bec un fromage ; là-dessus arriva un renard qui vit ce fromage et se dit : « Comment faire pour l'avoir ? ». Alors il se mit en dessous du corbeau : « Ah ! dit-il, que tu es beau ! Que ton chant est mélodieux ! ». Le corbeau, plein de sottise, en entendant vanter sa voix,

Le Corbeau et le Renard

Cette histoire est très populaire au Moyen Âge. On la trouve aussi dans le ***Roman de Renart***. La Fontaine s'en inspire pour écrire sa fable, au XVIIe siècle.

1. De la famille.
2. Espèce.
3. Ancienne mesure de longueur qui valait environ 1,90 m.

ouvrit le bec pour chanter… Son fromage tombe à terre et maître renard l'attrape à belles dents et l'emporte. C'est la même chose, j'en suis sûre, pour ce drap : vous l'avez eu par flatterie et par de belles paroles ; comme le renard pour le fromage, vous l'avez eu par la ruse.

PATHELIN

Il doit venir manger de l'oie ; voici ce que nous allons faire : je suis certain qu'il viendra braire[4] pour avoir son argent immédiatement. J'ai imaginé un bon tour : je vais me coucher, comme si j'étais malade, et quand il viendra, vous direz : « Ah ! parlez bas ! », et vous gémirez en faisant une triste mine. Vous direz : « Hélas ! Il est malade depuis deux mois ou sept semaines. » Et s'il vous répond : « Balivernes ! Il était chez moi à l'instant ! », « Hélas, direz-vous, ce n'est pas le moment de plaisanter. » Laissez-moi lui jouer un tour, car il n'aura rien d'autre.

GUILLEMETTE

Sur mon âme, je tiendrai très bien mon rôle ; mais si vous retombez entre les mains de la justice, cela vous coûtera, je le crains deux fois plus que l'autre fois[5] !

PATHELIN

La paix ! je sais bien ce que je fais. Il faut faire ce que j'ai dit.

GUILLEMETTE

Souvenez-vous, je vous en prie, du samedi où l'on vous mit au pilori[6]. Vous savez bien que chacun vous a hué[7] en vous accusant de n'être qu'un fourbe.

4. Crier comme un âne.
5. On apprend ainsi que Pathelin a déjà eu des ennuis avec la justice.
6. Poteau placé sur une estrade où l'on attachait le condamné pour l'exposer à la vue de tous. C'est la punition infligée aux voleurs et aux trompeurs.
7. Sifflé.

PATHELIN

Allons, cessez de bavarder. Il va venir et nous ne regardons pas l'heure. Il faut que nous conservions ce drap. Je vais me coucher.

GUILLEMETTE

Allez-y !

PATHELIN, *se mettant au lit.*

Et ne riez pas !

GUILLEMETTE

Certainement pas ! Je pleurerai à chaudes larmes.

PATHELIN

Il nous faut tenir bon, tous les deux, pour qu'il ne s'aperçoive de rien.

■ Scène 4 ■ GUILLAUME

GUILLAUME, *seul chez lui.*

Je crois qu'il est temps que je boive un coup avant de partir. Ah, mais non ! Je dois boire et manger de l'oie chez maître Pierre Pathelin, par saint Mathurin : c'est toujours ça de pris, et sans dépenser. J'y vais, je ne peux plus rien vendre.

Il arrive devant la maison de Pathelin.

■ Scène 5 ■ Guillaume, Pathelin, Guillemette

Guillaume, *entrant chez Pathelin.*

Ohé ! Maître Pierre !

Guillemette, *à voix basse.*

Hélas ! Pour l'amour de Dieu, monsieur, si vous voulez dire quelque chose, parlez plus bas !

Guillaume, *à voix basse.*

Dieu vous garde, madame !

Guillemette

Oh ! plus bas.

Guillaume, *encore plus bas.*

Eh quoi ?

Guillemette

Sur mon âme !

Guillaume

Où est-il ?

Guillemette

Hélas ! où doit-il être ?

Guillaume

Qui ?

GUILLEMETTE

Ah ! voilà de mauvaises paroles, mon bon maître ! Où est-il ? Eh, Dieu seul le sait ! Il garde la chambre. Où est-il ? le pauvre martyr ! Onze semaines sans sortir !

GUILLAUME

Qui ?...

GUILLEMETTE

Pardonnez-moi, je n'ose parler haut ; je crois qu'il repose. Il s'est assoupi un moment. Hélas, il est complètement assommé, le pauvre homme !

GUILLAUME

Qui ?

GUILLEMETTE

Maître Pierre.

GUILLAUME

Ouais ! N'est-il pas venu chercher six aunes de drap à l'instant ?

GUILLEMETTE

Qui ? lui ?

GUILLAUME

Mais oui, il n'y a pas un quart d'heure. Payez-moi ! Diable, je perds du temps. Allez, sans plus dire de bêtises. Mon argent !

GUILLEMETTE

Hé ! Trêve de plaisanterie ! Ce n'est pas le moment de rire !

GUILLAUME

Allez, mon argent ! Êtes-vous folle ? Il me faut neuf francs.

GUILLEMETTE

Ah ! Guillaume, il ne faut pas tromper les gens ni raconter de sottises ; allez dire vos sornettes[1] aux sots[2] si vous voulez jouer avec eux.

GUILLAUME

Je renie Dieu si je n'ai pas neuf francs !

GUILLEMETTE

Hélas, monsieur, tout le monde n'a pas envie de rire, comme vous, ni de bavarder.

GUILLAUME

Finies les plaisanteries, je vous prie : faites-moi venir Maître Pierre, s'il vous plaît.

GUILLEMETTE

Malheur à vous ! Ça va durer toute la journée ?

GUILLAUME

Ne suis-je pas ici chez Maître Pierre Pathelin ?

GUILLEMETTE

Si. Que le mal de saint Mathurin[3], Dieu m'en garde, vous prenne ! Parlez bas.

GUILLAUME

Que le diable m'emporte ! N'oserais-je pas le demander ?

1. Sottises.
2. Fous.
3. La folie.

GUILLEMETTE

Je vous recommande à Dieu ! Parlez plus bas si vous ne voulez pas le réveiller.

GUILLAUME

Comment ça « bas » ? Voulez-vous qu'on vous parle dans l'oreille ? Au fond du puits ou de la cave ?

GUILLEMETTE

Mon Dieu, quel bavard ! Enfin, vous avez toujours été ainsi.

GUILLAUME

Que le diable vous emporte ! Maintenant que j'y pense, si vous voulez que je parle bas… Dites donc ! je n'ai pas l'habitude de discuter ainsi. La vérité, c'est que Maître Pierre a pris six aunes de drap aujourd'hui.

GUILLEMETTE, *élevant la voix.*

Quoi encore ? Ça va durer toute la journée ? Que le diable s'en mêle ! Voyons ! Que voulez-vous dire avec votre « *a pris* » ? Ah, monsieur, il faudrait pendre ceux qui mentent ! Il est dans un tel état, le pauvre homme, qu'il n'est pas sorti du lit depuis onze semaines ! Et vous venez nous raconter vos sottises ? Est-ce bien le moment ? Vous allez déguerpir de ma maison ! Seigneur Jésus, quel malheur !

GUILLAUME

Vous me demandiez de vous parler tout bas… sainte Marie… et vous criez !

GUILLEMETTE, *parlant bas.*

Mon Dieu, c'est vous qui me cherchez des noises[1] !

1. Disputes.

GUILLAUME

Eh bien, pour que je m'en aille, donnez-moi…

GUILLEMETTE, *oubliant encore de parler bas.*

Vous allez parler bas, oui ?

GUILLAUME

Mais c'est vous qui allez le réveiller : vous parlez quatre fois plus fort que moi, palsambleu ! Je vous prie de me payer…

GUILLEMETTE

Quoi encore ? Par Dieu notre père ! Êtes-vous ivre, ou complètement fou ?

GUILLAUME

Ivre ? Malédiction ! Voici une belle question !

GUILLEMETTE

Hélas ! plus bas.

GUILLAUME.

Je vous demande de me payer six aunes de drap, madame…

GUILLEMETTE

On vous le fabrique, votre drap ! Et à qui l'avez-vous donné ?

GUILLAUME

À lui-même.

GUILLEMETTE

Il est bien en état d'avoir du drap ! Hélas ! il ne bouge plus, il n'a pas besoin d'une robe : la seule robe qu'il mettra, ce sera une robe blanche[1], pour partir d'ici les pieds devant !

GUILLAUME

C'est donc qu'il est malade depuis le lever du soleil ? Car, c'est sûr, je lui ai parlé.

GUILLEMETTE, *d'une voix perçante.*

Vous avez la voix si forte ! Parlez plus bas, je vous en prie !

GUILLAUME

Mais c'est vous, en vérité, vous-même ! Malheur, quel toupet ! Palsambleu, quelle histoire ! Si on me payait, je m'en irais ! *(À part.)* Parbleu, chaque fois que j'ai fait crédit, ça s'est passé de la même façon !

PATHELIN, *de la coulisse.*

Guillemette ! un peu d'eau de rose ! Mettez-moi des oreillers derrière le dos ! Fichtre ! Personne n'entend ? Le pot à eau ! À boire ! Frottez-moi la plante des pieds !

GUILLAUME

Je l'entends.

GUILLEMETTE

Sans doute.

PATHELIN

Méchante, viens ici ! T'avais-je dit d'ouvrir ces fenêtres ? Viens me couvrir ! Débarrasse-moi de ces gens tout

1. Linceul ou drap dont on enveloppe les morts.

noirs ! Marmara, carimari, carimara[2]. Amenez-les-moi, amenez !

GUILLEMETTE

Quoi ? Comme vous vous démenez[3] ! Êtes-vous devenu fou ?

PATHELIN

Tu ne vois pas ce que je sens. Voilà un moine noir qui vole ! Prends-le, donne-lui une étole[4] ! Au chat, au chat[5] ! Oh, comme il grimpe !

GUILLEMETTE

Qu'est-ce qu'il y a ? N'avez-vous pas honte ? Eh, parbleu ! vous remuez trop !

PATHELIN

Ces médecins me tuent avec ces drogues qu'ils me font boire ; et pourtant il faut les croire. Ils nous manipulent comme de la cire.

GUILLEMETTE, *au drapier.*

Hélas ! Venez le voir, monsieur ; il est au plus mal !

GUILLAUME

Est-il vraiment malade, depuis le moment où il est revenu de la foire ?

GUILLEMETTE

De la foire ?

GUILLAUME

Mais oui, par saint Jean ! Je pense bien qu'il y est allé ! *(À Pathelin.)* Maître Pierre, le drap que vous m'avez acheté à crédit, il faut me le payer !

2. Formule magique.
3. Agitez.
4. Bande de tissu que les prêtres portent autour du cou. L'étole est passée au cou de ceux que l'on pense être possédés par le démon, pour les délivrer.
5. Le chat (surtout noir) est considéré comme un animal diabolique.

PATHELIN, *feignant de prendre Guillaume pour son médecin.*

Ah ! Maître Jean, j'ai fait deux petites crottes, plus dures que de la pierre, noires, rondes comme des pelotes. Dois-je prendre un autre lavement[1] ?

GUILLAUME

Qu'est-ce que j'en sais ? Qu'est-ce que ça peut me faire ? Il me faut neuf francs ou six écus.

PATHELIN

Ces trois petites choses noires et pointues, vous les appelez des pilules ? Elles m'ont abîmé les mâchoires. Je vous en prie, ne m'en faites plus prendre, Maître Jean : elles m'ont tout fait rendre[2]. Ah ! Il n'y a rien de plus amer !

GUILLAUME

Elles vous ont fait rendre ? Par l'âme de mon père : on ne m'a pas rendu mes neuf francs à moi !

GUILLEMETTE

Il faut pendre les fâcheux de votre espèce ! Allez-vous-en, par tous les diables, puisque vous ne partez pas au nom de Dieu !

GUILLAUME

Par le Dieu qui m'a fait naître, j'aurai mon drap avant de partir, ou alors mes neuf francs.

PATHELIN, *au drapier.*

Et mon urine, elle ne vous dit pas que je vais mourir ? Hélas, mon Dieu, même si ça doit durer longtemps, faites que je ne meure pas !

1. Médicament pour « laver » l'intestin.
2. Jeu de mots : pour Pathelin, rendre signifie « vomir » ; pour Guillaume, « rembourser ».

GUILLEMETTE, *au drapier.*

Allez-vous-en ! Vous n'avez pas honte de lui casser la tête ?

GUILLAUME

Sainte Marie ! Six aunes de drap, maintenant ! Dites, n'est-il pas honteux, à votre avis, que je les perde ?

PATHELIN, *au drapier.*

Si vous pouviez ramollir mes crottes, Maître Jean ? C'est si dur que je ne sais pas comment je supporte quand ça me sort du fondement.

GUILLAUME

Il me faut neuf francs tout ronds, par le plaisir de saint Pierre de Rome…

GUILLEMETTE

Hélas, vous tourmentez tant cet homme ! Et comment pouvez-vous avoir le cœur si dur ? Vous voyez bien qu'il vous prend pour le médecin. Hélas, le pauvre chrétien ! Il a bien assez de malheur ; onze semaines, sans relâche, qu'il est là, le pauvre homme !

GUILLAUME

Palsambleu ! J'ignore comment cette mésaventure lui est arrivée, car il est venu aujourd'hui, et nous avons conclu un marché ensemble ; tout au moins, c'est ce qu'il me semble, ou alors je ne comprends pas ce qui se passe.

GUILLEMETTE

Par Notre Dame, mon bon monsieur, votre mémoire vous fait défaut. Sans doute, si vous m'en croyez, vous irez vous reposer un peu ; les gens pourraient jaser[1] et dire que vous venez ici pour moi. Allez, dehors ! Les médecins vont arriver ici même.

GUILLAUME

Je ne veux pas que l'on pense à mal, car, moi, ça ne m'effleure pas. *(À part.)* Parbleu ! en suis-je là ? *(À Guillemette.)* Par la tête de Dieu, je croyais…

GUILLEMETTE

Encore ?

GUILLAUME

Et n'avez-vous pas d'oie au feu ?

GUILLEMETTE

La belle question ! Allons, monsieur, ce n'est pas une viande pour les malades. Mangez vos oies, sans venir nous faire des grimaces indigestes. Ma foi, vous êtes vraiment sans gêne !

GUILLAUME

Je vous prie de ne pas m'en vouloir, car je pensais vraiment…

GUILLEMETTE

Encore…

GUILLAUME

Par le sacrement… *(À part.)* Dieu… Diable ! Je vais en avoir le cœur net tout de suite : je sais bien que je dois me faire payer six aunes de drap d'une seule pièce, mais cette femme m'embrouille complètement les idées ! Il

1. Bavarder méchamment.

les a eues vraiment… *(Après réflexion.)* Non que diable ! Je m'y perds : j'ai vu la mort prête à le frapper ; ou alors, il joue la comédie. *(Il réfléchit encore.)* Mais oui, il les a prises ! Il les a bien prises, et mises sous son bras… *(Nouvelle réflexion.)* Par sainte Marie la belle ! Non, impossible !… Est-ce que je rêve ? Je n'ai pourtant pas l'habitude de donner mon drap, que je dorme ou que je veille ! À personne, pas même à un ami ; je ne l'aurais pas donné à crédit. Palsambleu, il l'a eu ! *(Il rêve un peu.)* Morbleu ! Mais non, il ne l'a pas eu ! J'en suis sûr : il ne l'a pas ! Mais qu'est-ce que je raconte ? Bien sûr, il l'a ! Par le sang de Notre Dame !… Que le malheur l'emporte, corps et âme, celui qui saura dire qui a raison ou tort, d'eux ou de moi ! Je n'y comprends rien ! *(Il sort.)*

PATHELIN, *toujours au lit, à voix basse.*

Est-il parti ?

GUILLEMETTE, *bas.*

Silence ! j'écoute. Je ne sais ce qu'il marmonne. Il s'en va en grommelant si fort qu'on croirait qu'il devient fou.

PATHELIN

Ce n'est pas le moment de me lever ? On peut dire qu'il est arrivé à point nommé[2] !

GUILLEMETTE

Je me demande s'il ne va pas revenir. *(Pathelin veut se lever.)* Non, que diable ! ne bougez pas encore ! Tout serait perdu s'il vous trouvait debout.

2. Au bon moment.

PATHELIN

Par saint Georges ! Il a trouvé plus malin que lui, lui qui est si méfiant ! Voilà une situation qui lui va mieux qu'un crucifix dans une église[1].

GUILLEMETTE

Jamais affreuse canaille n'a tout avalé si vite ! Diable ! Il ne fait même pas l'aumône le dimanche ! *(Elle rit.)*

PATHELIN

Pour l'amour de Dieu, ne riez pas ! S'il revenait, ça tournerait mal. Je suis certain qu'il reviendra.

GUILLEMETTE

Ma foi, ceux qui peuvent n'ont qu'à se retenir, mais moi je ne pourrai pas ! *(Elle rit aux éclats.)*

GUILLAUME, *chez lui.*

Par le saint soleil qui luit, je retournerai, quoi qu'on en dise, chez cet avocat d'eau douce. Mon Dieu ! Il oserait racheter les rentes que ses parents ou ses parentes auraient vendues ! Par saint Pierre, il a mon drap, le vilain trompeur ! Je le lui ai donné ici même.

GUILLEMETTE, *chez elle.*

Quand je me souviens de la grimace qu'il faisait en vous regardant, je ris ! Il ne pensait qu'à demander… *(Elle recommence à rire.)*

PATHELIN

Silence, petite sotte ! Je renie Dieu… *(que je n'aie pas à le faire !)* ; si on vous entendait, nous n'aurions qu'à nous enfuir. Il est si peu commode !

1. Qui lui va parfaitement.

GUILLAUME, *chez lui.*

Et cet ivrogne d'avocat, cet avocat au rabais, prend-il les gens pour des imbéciles ? Pardi ! Il mérite d'être pendu autant qu'un hérétique[2]. Il a mon drap, ou je renie Dieu ! Et il m'a bien eu à ce jeu !…

Il sort en fureur et va frapper chez Pathelin.

Holà ! Où êtes-vous cachée ?

GUILLEMETTE, *chez elle, à voix basse.*

Je parie qu'il m'a entendue ! On dirait qu'il va devenir fou.

PATHELIN, *de même.*

Je ferai semblant de délirer. Allez.

Il se met au lit.

GUILLEMETTE, *ouvrant la porte.*

Comme vous criez !

GUILLAUME

Miséricorde ! Vous riez ? Allons, mon argent !

GUILLEMETTE

Sainte Marie ! De quoi voulez-vous que je rie ? Il n'y a pas plus triste à la fête ! Il se meurt : jamais vous n'avez entendu une telle tempête, une telle frénésie ; il est encore en plein délire : il divague, il chante, et puis il baragouine tant de langages, et il bredouille !… Il ne vivra pas une demi-heure. Et moi, je ris et je pleure en même temps.

2. Personne qui soutient une opinion religieuse condamnée par l'Église catholique.

Autre lecture

GUILLAUME

Peu m'importe que l'on rie ou que l'on pleure ; pour vous le dire en un mot : je veux être payé.

GUILLEMETTE

De quoi ? Êtes-vous devenu fou ? Allez-vous recommencer vos bavardages ?

GUILLAUME

Je n'ai pas l'habitude qu'on me tienne de tels propos quand je vends mon drap. Vous voulez me faire prendre des vessies pour des lanternes[1] ?

PATHELIN, *s'éveillant en sursaut.*

Debout, vite ! Voici la reine des guitares ; qu'on l'approche de moi sur-le-champ. Je sais bien qu'elle a accouché de vingt-quatre petites guitarettes, enfants de l'abbé d'Iverneaux. Je veux être son compère.

GUILLEMETTE

Hélas ! Pensez à Dieu le Père, mon ami, et non pas à des guitares !

GUILLAUME

Ah ! quels conteurs de balivernes[2] ! Allez, vite, que je sois payé, en or ou en monnaie, pour le drap que vous avez pris !

GUILLEMETTE

Eh, que diable, ça ne vous suffit pas de vous être mépris[3] une fois ?

1. Me tromper grossièrement.
2. Sottises.
3. Trompé.

Guillaume

Savez-vous de quoi il s'agit, belle amie ? Que Dieu m'aide ! Quelle erreur ? Mais quoi ! il faut rendre le drap ou se faire pendre. Quel tort vous ai-je fait en venant ici demander mon dû ? Par saint Pierre de Rome !…

Guillemette

Hélas ! Pourquoi tourmenter autant cet homme ? Je vois bien à votre visage que vous n'avez pas votre bon sens ! Foi de misérable pécheresse, si j'avais de l'aide, je vous ligoterais. Vous êtes fou à lier !

Guillaume

J'enrage de ne pas avoir mon argent.

Guillemette

Ah ! Quelle bêtise ! Signez-vous ! Benedicite[4] ! *(Elle fait sur lui le signe de la croix.)* Faites le signe de la croix[5] !

Guillaume

Eh bien ! Je renie Dieu si, de toute l'année, je vends du drap à crédit ! Quel malade !

Pathelin[6]

Mère de Dieu, la Coronade,
Par fyé, y m'en voul anar,
Or renague biou, oultre mar.
Ventre de diou ! zen dict gigone !
(Indiquant Guillaume.)
Castuy carible et res ne donne.
Ne carillaine, fuy ta none ;
Que de l'argent il ne me sonne !

4. « Bénissez », en latin.
5. Pour éloigner les démons.
6. Dans la suite de la scène, Pathelin fait semblant de délirer et s'exprime en dialectes limousin, flamand, normand, breton et lorrain, puis en latin.

(Au drapier.) Avez-vous compris, beau cousin ?

GUILLEMETTE, *au drapier.*

Son oncle était limousin, un frère de sa tante par alliance. Je suis certaine que c'est ce qui le fait jargonner[1] en limousin.

GUILLAUME

Diable ! Il s'en est allé en cachette, avec mon drap sous le bras.

PATHELIN, *à Guillemette.*

Entrez, chère demoiselle, mais que veut ce tas de crapauds ? Arrière, merdaille ! *(Il s'enveloppe dans sa couverture.)* Vite ! Je veux devenir prêtre. Que le diable soit en ce vieux nid de prêtres ! Et faut-il que le prêtre rie quand il devrait dire la messe ?

GUILLEMETTE

Hélas, hélas ! L'heure approche où il lui faut le dernier sacrement[2].

GUILLAUME

Mais comment parle-t-il couramment picard ? D'où lui vient une telle folie ?

GUILLEMETTE

Sa mère était de Picardie, c'est pourquoi il parle picard maintenant.

PATHELIN, *en patois flamand.*

Dont viens tu, caresme prenant ?
Wacarme liefve, Gouedman !

1. Parler un langage incompréhensible.
2. Extrême-onction, donnée par le prêtre au moment de la mort.

Tel bel bighod gherueran.
Henriey, Henriey, conselapen
Ich salgned, ne de que maignen.
Grile, grile, schole houden,
Zilop, zilop, en nom que bouden
Disticlien unen desen versen
Mat groet festal ou truit den herzen.
Hau, Wattewille ! come trie.
Cha, à dringuer, je vous en prie.
Commare, se margod de l'eaue ;
Et qu'on m'y mette un petit d'eau.
Hau ! Watwille, pour le frimas
Faites venir frère Thomas
Tantost, qui me confessera.

GUILLAUME

Qu'est-ce que c'est encore ? Va-t-il arrêter, aujourd'hui, de parler des langues bizarres ? S'il me donnait au moins un gage[3], ou mon argent, je m'en irais.

GUILLEMETTE

Ah, Seigneur Jésus, quel malheur ! Vous êtes un homme bien étrange ! Que voulez-vous ? Je ne comprends pas pourquoi vous êtes si obstiné.

PATHELIN, *en patois normand.*

Or cha, Renouart au tiné,
Bé dea, que ma couille est pelouse !
El semble une cate pelouse,
Ou à une mouque à miel.
Bé ! parlez à moy, Gabriel.
Les playes dieu ! Qu'est che qui s'ataque

3. Un objet de valeur donné pour rembourser une dette.

À men cul ? est che or une vaque,
Une mouque ou un escarbot ?
Hé dea, j'ay le mau saint Garbot !
Suis je des foyreux de Bayeux
Jehan du Quemin sera joyeux
Mais qu'il saiche que je le sée.
Bé ! par saint Miquiel, je berée
Voulentiers à luy une fés.

GUILLAUME

Comment peut-il supporter la fatigue de tant parler ? Ah ! il devient fou !

GUILLEMETTE

Son maître d'école était normand : il se souvient de lui, c'est signe que la fin est proche ! Il se meurt !

GUILLAUME

Ah, sainte Marie ! C'est le plus grand délire que j'aie jamais vu. Je n'aurais jamais imaginé qu'il n'était pas allé à la foire aujourd'hui !

GUILLEMETTE

Vous le pensiez ?

GUILLAUME

Oui, par saint Jacques ! Mais je constate le contraire.

PATHELIN

C'est-y un âne que j'entends braire ? *(Au drapier.)* Halas, halas, mon cousin ! Ils seront tous en grand émoi le jour où je ne te verrai pas ; il convient que je te haïsse car tu m'as beaucoup trahi ! Tu n'es qu'un grand trompeur !

Ha oul danda oul en ravezeie
Corf ha en euf.

GUILLEMETTE

Dieu vous aide !

PATHELIN, *en breton.*

Huis oz bez ou dronc noz badou
Digaut an can en ho madou
Empedit dich guicebnuan
Quez que vient ob dre donchaman
M'en ez cachet hoz bouzelou
Eny obet grande canou
Maz rechet crux dan holcon
So ol oz merveil gant nacon
Aluzen archet episy,
Har cals amour ha courteisy.

GUILLAUME

Hélas, pour l'amour de Dieu, écoutez-le ! Il s'en va ! Comme il gargouille ! Mais, diable, qu'est-ce qu'il bredouille ? Sainte Dame, comme il marmonne ! Il marmotte tant qu'on ne comprend rien ! Ce n'est pas un langage chrétien, ni aucune langue compréhensible.

GUILLEMETTE

La mère de son père était native de Bretagne. Il se meurt : c'est la preuve qu'il lui faut les derniers sacrements.

PATHELIN, *en patois lorrain, puis en latin.*

Hé, par sainct Gigon, tu ne mens.
Vualx te deu, couille de Lorraine,
Dieu te mette en male sepmaine.

Tu ne vaulx mie une vielz nate.
Va, sanglante botte chavate,
Va foutre, va, sanglant paillard !
Tu me refais trop le gaillard !
Par la mort bieu ! cha, vien t'en boire,
Et baille moy stan grain de poire,
Car vraiement je le mangera,
Et, par sainct George, je beura
A ty. – Que veux tu que je die ?
Dy, viens tu nient de Picardie,
Jacquemart, que t'es ebaubis ?
Et bona dies sit vobis,
Magister amantissime,
Pater reverendissime.
Quomodo brulis ? quae nova ?
Parisius non sunt ova.
Quid petit ille mercator ?
Dicat sibi quod trufator
Ille, qui in lecto jacet,
Vult ei dare, si placet,
De oca ad comedendum.
Si sit bona ad edendum
Pete sibi sine mora.

GUILLEMETTE

Mon Dieu, il mourra tout en parlant. Comme il écume[1] ! Ne voyez-vous pas comme il vénère la divinité ? Sa vie s'en va ; je resterai, pauvre et malheureuse !

GUILLAUME, *à part.*

Il serait bon que je m'en aille avant qu'il ne trépasse[2]. *(À Guillemette.)* Je crains qu'il ne veuille pas, au moment

1. Comme il bave !
2. Avant qu'il ne meure.

de mourir, vous dire ses secrets devant moi. Pardonnez-moi, car je vous jure, sur mon âme, que je pensais qu'il avait mon drap. Adieu, madame ; pour l'amour de Dieu, pardonnez-moi !

GUILLEMETTE, *le reconduisant.*

Dieu vous bénisse, et moi aussi, pauvre malheureuse que je suis !

GUILLAUME, *dans la rue.*

Par la gracieuse sainte Marie, je suis plus ahuri que jamais. Le diable a pris sa place et a emporté mon drap pour me tenter ! *(Il fait le signe de croix.)* Benedicite ! Pourvu qu'il ne s'en prenne pas à ma personne ! Et puisqu'il en est ainsi, pour l'amour de Dieu, je donne mon drap à celui qui me l'a pris.

Il rentre chez lui.

PATHELIN, *sautant à bas du lit.*

En avant ! vous avez suivi la leçon ? Il s'en va, le beau Guillaume. Dieux ! sous son heaume[3], il a bien peu de cervelle ! Il lui viendra des visions la nuit quand il sera couché.

GUILLEMETTE

Comme il a été mouché[4] ! N'ai-je pas bien joué mon rôle ?

PATHELIN

Corbleu ! C'est vrai, vous avez fait du bon travail. Au moins, nous avons récupéré assez de drap pour faire des robes.

3. Ici : tête.
4. Remis à sa place.

Autre lecture

Scène 6 ■ Guillaume, Thibault l'Agnelet

Chez Guillaume.

Guillaume, *seul.*

Quoi ! Diable, tout le monde me raconte des mensonges ! On m'emporte mon bien et on me prend tout ce qu'on peut prendre ! Je suis bien le roi des malchanceux : même les bergers des champs veulent me rouler ! mais le mien, à qui j'ai toujours fait du bien, va regretter de s'être moqué de moi ; je le traînerai en justice, par la Vierge couronnée !

Thibault l'Agnelet

Que Dieu vous donne une belle journée et une bonne soirée, mon doux seigneur !

Guillaume

Ah ! Tu es là, truand merdeux ! Quel bon valet ! mais bon à quoi ?

Thibault l'Agnelet

Sans vouloir vous déplaire, mon bon seigneur, un homme en habit rayé[1], très énervé, avec un fouet sans corde à la main, m'a dit… Je ne me rappelle pas bien… Il m'a parlé de vous, mon maître, et de je ne sais quelle assignation[2]. Sainte Vierge ! Moi, je n'y comprends rien du tout. Il m'a embrouillé en parlant pêle-mêle de « brebis » et de « l'après-midi », et il a fait une grande levée de bouclier[3] de votre part, mon maître.

1. Officier de justice chargé de prévenir ceux qui sont convoqués devant le juge.
2. Convocation au tribunal.
3. Il m'a attaqué en paroles.

Guillaume

Si je ne te traîne pas tout de suite devant le juge, je prie Dieu que le déluge et la tempête tombent sur moi ! Si jamais tu assommes une de mes bêtes, ma foi, tu t'en souviendras ! Tu me rendras, quoi qu'il advienne, six aunes… je veux dire, les bêtes assommées et les dégâts que tu m'as causés depuis dix ans.

Thibault l'Agnelet

Ne croyez pas les mauvaises langues, mon bon seigneur, car, je vous le jure…

Guillaume

Par la Dame que l'on implore, tu les rendras samedi, mes six aunes de drap !… Je veux dire ce que tu as pris sur mes bêtes.

Thibault l'Agnelet

Quel drap ? Ah, monseigneur, je crois que vous êtes en colère pour autre chose. Par saint Loup, mon maître, je n'ose rien dire quand je vous regarde !

Guillaume

Laisse-moi en paix, va-t'en, et rappelle-toi ton assignation, s'il te plaît.

Thibault l'Agnelet

Monseigneur, pour l'amour de Dieu, mettons-nous d'accord afin que je n'aie pas à plaider[4] !

Guillaume

Va, ton affaire est en bonne voie. Va-t'en ! Je ne passerai aucun accord, ni aucun arrangement, sauf ce que

4. Me défendre devant la justice.

le juge décidera. *(Il le jette à la porte.)* Fichtre ! Tout le monde voudra me tromper, désormais, si je n'y mets bon ordre !

THIBAULT L'AGNELET

Adieu, monsieur, Dieu vous donne joie. *(Dans la rue.)* Il faut donc que je me défende.

Il va frapper chez Pathelin.

Il y a quelqu'un ?

■ Scène 7 ■ PATHELIN, GUILLEMETTE, THIBAULT L'AGNELET

Chez Pathelin.

PATHELIN, *à voix basse.*

Qu'on me pende par la gorge, si ce n'est pas lui qui revient !

GUILLEMETTE, *à voix basse.*

Non, ce n'est pas lui, par le grand saint Georges, ce serait un comble !

THIBAULT L'AGNELET

Que Dieu soit parmi vous !

PATHELIN

Dieu te garde, camarade ! Que te faut-il ?

THIBAULT L'AGNELET

On me condamnera par défaut[1] si je ne réponds à l'assignation, monseigneur, à je ne sais quelle heure… S'il vous plaît, allez-y, mon doux maître, et vous défendrez ma cause, car je n'y connais rien, et je vous payerai très bien, bien que je sois mal vêtu.

PATHELIN

Approche et parle. Qu'es-tu : demandeur[2] ou défendeur[3] ?

THIBAULT L'AGNELET

J'ai affaire à un malin, vous comprenez, mon doux maître, quelqu'un à qui j'ai longtemps mené paître ses brebis que je gardais. Ma foi, je me rendais compte qu'il me payait chichement[4]… Faut-il tout dire ?

PATHELIN

Dame, bien sûr ! On doit tout dire à son avocat.

THIBAULT L'AGNELET

Il est bel et bien vrai, sire, que j'ai assommé ses brebis, à tel point que beaucoup se sont pâmées[5] plus d'une fois et sont tombées raides mortes, même si elles étaient bien portantes ; et puis, pour ne subir aucun reproche, je lui faisais croire qu'elles mouraient de la clavelée[6]. « Ah ! faisait-il, ne la laisse pas avec les autres ; jette-la. » « Volontiers », que je lui répondais ; mais je faisais tout autre chose : par saint Jean, je les mangeais car je la connaissais bien, leur maladie ! Que voulez-vous que je vous dise ? J'ai continué, j'en ai assommé et tué tant, qu'il a fini par s'en apercevoir. Et quand il a découvert la ruse, grand Dieu, il m'a fait

1. En mon absence.
2. Celui qui dépose une plainte.
3. Celui qui se défend ou se fait défendre par un avocat.
4. Peu.
5. Évanouies.
6. Maladie contagieuse qui touche les moutons.

épier. Vous comprenez, quand on les tue, on les entend crier bien fort. J'ai donc été pris sur le fait, je ne peux pas le nier. Je vous en prie *(j'ai assez d'argent)*, je voudrais qu'à nous deux, nous lui préparions un bon tour. Je sais bien que sa cause est bonne, mais vous trouverez bien, si vous le voulez, un moyen qui la rendra mauvaise.

PATHELIN

Tu seras content ! Que me donneras-tu si je renverse le bon droit de la partie adverse, et si tu repars acquitté[1] ?

THIBAULT L'AGNELET

Je vous paierai non point en sous, mais en beaux écus d'or à la couronne.

PATHELIN

Alors ta cause sera bonne, même si elle était deux fois pire : meilleure elle est, plus vite je l'affaiblis, quand je veux m'en donner la peine. Tu vas m'entendre parler, dès qu'il aura déposé sa plainte ! Allons, approche, que je te demande… Par le précieux saint sang de Dieu, tu es assez malicieux pour bien comprendre la ruse… Comment t'appelles-tu ?

THIBAULT L'AGNELET

Par saint Maur, Thibault l'Agnelet.

PATHELIN

L'Agnelet, combien d'agneaux de lait as-tu volés à ton maître ?

1. Non condamné.

THIBAULT L'AGNELET

Par ma foi, j'en ai peut-être bien mangé plus de trente en trois ans.

PATHELIN

Ça te fait une rente de dix par an, pour payer tes dés et ta chandelle[2] ! Je crois que je la lui baillerai belle[3]. Penses-tu qu'il puisse trouver sur-le-champ des témoins pour prouver les faits ? C'est le point capital de la plaidoirie.

THIBAULT L'AGNELET

Pour prouver les faits, monsieur ? Sainte Marie, par tous les saints du paradis, ce n'est pas un, mais dix témoins qu'il trouvera pour déposer contre moi !

PATHELIN

C'est un point qui nuit à ta défense… Mais voici à quoi je pensais : je ferai semblant de ne pas être avec toi et de ne jamais t'avoir vu.

THIBAULT L'AGNELET

Jamais, par Dieu !

Pathelin, SE RAVISANT[4].

Non, pas du tout. Mais voici ce qu'il faudra faire. Si tu parles, tu seras coincé à chaque coup sur tous les chefs[5] d'accusation ; dans ces cas-là, les aveux sont très préjudiciables et causent un tort du diable. Alors… voici ce qu'il faudra faire : dès qu'on t'appellera à comparaître devant le juge, tu ne répondras rien d'autre que « bée ! », quoi qu'on te dise. Et s'il arrive qu'on te maudisse en disant : « Eh ! gros sot, que Dieu vous fasse passer un mauvais

2. Dans les tavernes, on payait pour avoir des dés et une chandelle afin de jouer.
3. Je le tromperai facilement.
4. Changeant d'avis.
5. Motifs.

moment ! Canaille, vous moquez-vous de la justice ? », dis : « Bée ! » « Ah ! dirai-je, il est idiot, il croit parler à ses bêtes. » Mais fais bien attention : même s'ils devaient te casser la tête, qu'aucun autre mot ne sorte de ta bouche.

THIBAULT L'AGNELET

C'est mon intérêt. Je ferai bien attention, et je me conduirai comme il faut, je vous le promets.

PATHELIN

Fais bien attention, et tiens bon. Même à moi, quoi que je te dise ou te demande, ne me réponds pas autrement.

THIBAULT L'AGNELET

Moi ? Je vous jure que non ! Dites carrément que je suis fou si je dis aujourd'hui autre chose que « bée », à vous ou à quelqu'un d'autre, quoi qu'on me dise.

PATHELIN

Par saint Jean, ton adversaire sera bien attrapé par nos grimaces ! Mais de ton côté, quand ce sera fini, fais en sorte que je me félicite des honoraires[1] que tu me verseras.

THIBAULT L'AGNELET

Monseigneur, si je ne vous paie pas à votre prix, ne me faites plus jamais confiance. Mais, je vous en prie, occupez-vous vite de mon affaire.

PATHELIN

Par Notre Dame de Boulogne, je pense que le juge est en séance, car il vient toujours siéger vers six heures. Viens, mais après moi ; ne faisons pas le trajet ensemble.

1. Du salaire.

THIBAULT L'AGNELET

Bien dit : ainsi on ne verra pas que vous êtes mon avocat.

PATHELIN

Notre Dame, gare à toi, si tu ne paies pas largement.

THIBAULT L'AGNELET

Dieu ! à votre prix, oui, vraiment, monseigneur, soyez-en sûr.

Il s'en va.

PATHELIN

Que diable ! s'il ne pleut pas, il tombe quelques gouttes : j'en tirerai au moins un petit quelque chose ; j'aurai de lui, si tout marche bien, un écu ou deux pour ma peine.

Scène 8 ■ PATHELIN, LE JUGE, GUILLAUME, THIBAULT L'AGNELET

PATHELIN, *en saluant le juge.*

Monsieur, que Dieu vous donne bonne chance et tout ce que votre cœur désire !

LE JUGE

Soyez le bienvenu, monsieur. Couvrez-vous[2]. Prenez place, là.

PATHELIN, *qui reste à l'écart.*

Je suis bien ici, si vous le permettez : je me sens plus à mon aise.

2. Remettez votre chapeau.

Le juge

S'il y a une affaire, qu'on l'expédie vite, afin que je puisse lever la séance[1] !

Guillaume

Mon avocat arrive, il achève un petit travail qu'il fai sait, monseigneur, et, s'il vous plaît, ce serait bien que vous l'attendiez.

Le juge

Que diable, j'ai une autre affaire ailleurs ! Si la partie adverse est présente, expliquez-vous sans plus attendre. N'êtes-vous pas le demandeur ?

Guillaume

Si.

Le juge

Où est le défendeur ? Est-il ici présent en personne ?

Guillaume, *montrant Thibault l'Agnelet.*

Voyez-le, là-bas, qui ne dit pas un mot, mais Dieu sait ce qu'il pense !

Le juge

Puisque vous êtes présents tous les deux, présentez votre plainte.

Guillaume

Voici ma plainte. Monseigneur, je jure que, pour l'amour de Dieu et par charité, j'ai élevé cet homme dans son enfance. Quand j'ai vu qu'il était en âge d'aller aux champs… En un mot, j'ai fait de lui mon berger et je l'ai

1. Déclarer que la séance de jugement est terminée.

mis à garder mes bêtes. Mais, aussi vrai que vous êtes assis là, monseigneur le juge, il a fait un tel carnage de mes brebis et de mes moutons que vraiment…

LE JUGE

Mais voyons : n'était-il pas votre salarié ?

PATHELIN

Bien sûr, car, s'il s'était amusé à le garder sans le payer…

GUILLAUME, *reconnaissant Pathelin.*

Que je renie Dieu… Mais oui, c'est vous, oui, vous vraiment !

Pathelin se cache la figure.

LE JUGE

Pourquoi gardez-vous la main en l'air ! Avez-vous mal aux dents, Maître Pierre ?

PATHELIN

Oui, elles me font une telle guerre que jamais je n'ai souffert une rage pareille : je n'ose pas lever la tête. Pour l'amour de Dieu, faites-le continuer.

LE JUGE

Allons, achevez votre discours. Vite, concluez clairement.

GUILLAUME

C'est lui, et personne d'autre, vraiment ! Par la croix où Dieu fut étendu ! *(À Pathelin.)* C'est à vous que j'ai vendu six aunes de drap, Maître Pierre.

LE JUGE

Qu'est-ce qu'il raconte avec son drap ?

PATHELIN

Il divague : il croit revenir à son sujet et ne s'y retrouve plus, faute de l'avoir bien appris.

GUILLAUME

Que je sois pendu si quelqu'un d'autre a pris mon drap, bon sang !

PATHELIN

Quelle méchanceté d'aller chercher ailleurs pour aggraver sa plainte ! Quel homme coriace ! Il veut dire – à ce que j'ai compris – que son berger a vendu la laine dont est fait le drap de ma robe ; autant dire que le berger le vole et qu'il lui a dérobé la laine de ses brebis.

GUILLAUME

Que Dieu m'envoie une semaine de malheurs, si vous ne l'avez pas pris !

LE JUGE

Silence, que diable ! Quel bavard ! Ne pouvez-vous pas revenir à votre sujet, sans retarder la cour avec un tel bavardage ?

PATHELIN

J'ai mal et il faut que je rie ! Il s'est déjà tellement empêtré qu'il ne sait pas où il en est resté ; il faut que nous le ramenions à son sujet.

LE JUGE

Allons, revenons à nos moutons[1]. Que leur est-il arrivé ?

1. Jeu de mots portant sur le sens propre et le sens figuré : revenons au sujet.

GUILLAUME

Il en a pris six aunes pour neuf francs.

LE JUGE

Sommes-nous des naïfs ou des imbéciles ? Où croyez-vous être ?

PATHELIN

Palsambleu, il se moque de nous ! Ah, il a la mine d'un honnête homme ! Mais je demande qu'on interroge un petit peu la partie adverse.

LE JUGE

Vous avez raison. *(En aparté.)* Il parle avec lui, il le connaît, c'est sûr. *(Au berger.)* Approche ! Parle !

THIBAULT L'AGNELET

Bée !

LE JUGE

Quoi encore ! Qu'est-ce que ce « bée » ? Suis-je une chèvre ? Réponds-moi !

THIBAULT L'AGNELET

Bée !

LE JUGE

Que Dieu te donne une mauvaise fièvre ! Te moques-tu ?

PATHELIN

Croyez qu'il est fou ou entêté, ou qu'il s'imagine être avec ses bêtes.

Guillaume, *à Pathelin.*

Oui, je renie Dieu si vous n'êtes pas l'homme qui a eu mon drap, c'est vous et pas un autre ! *(Au juge.)* Ah ! monseigneur, apprenez par quelle malice…

Le juge

Taisez-vous donc ! Êtes-vous idiot ? Laissez ce détail et venons-en à l'essentiel.

Guillaume

Oui, monseigneur, mais l'affaire me touche. Toutefois, je le jure, ma bouche n'en soufflera plus un mot de toute la journée. Une autre fois, ça ira comme ça pourra : il faut que j'avale la pilule. Je reviens au sujet. Je disais donc que j'avais donné six aunes… je veux dire, mes brebis… je vous en prie, monsieur, pardonnez-moi : ce gentil maître… Mon berger, quand il devait être aux champs… Il m'a dit que j'aurais six écus d'or quand je viendrais… je veux dire que, depuis trois ans, mon berger s'est engagé à me garder loyalement mes brebis sans me causer de dommage ni me jouer de mauvais tour et puis… Maintenant il nie tout, et le drap et l'argent. Ah ! Maître Pierre, en vérité… *(Le juge fait un geste d'impatience.)* Ce truand[1] me volait la laine de mes bêtes ; et, alors qu'elles étaient en bonne santé, il les faisait mourir en les assommant, en les frappant à grands coups de bâton sur le crâne… Quand il a mis mon drap sous le bras, il est parti rapidement et m'a dit de venir chercher six écus d'or chez lui.

1. Voleur.

Le juge

Il n'y a ni rime ni raison dans ce que vous rabâchez. Qu'est-ce que ça veut dire ? Vous mélangez une chose et une autre. Finalement, palsambleu, je n'y vois goutte[2] ! *(À Pathelin.)* Il marmonne de drap et puis babille[3] de brebis, à tort et à travers ! Rien de ce qu'il dit ne se tient.

Pathelin

Je suis absolument certain qu'il retient au pauvre berger son salaire.

Guillaume

Parbleu, vous feriez mieux de vous taire ! Mon drap, aussi vrai que la messe… Je sais mieux que vous et que personne où le bât me blesse[4]. Par la tête de Dieu, c'est vous qui l'avez !

Le juge

Qu'est-ce qu'il a ?

Guillaume

Rien, monseigneur. Je le jure, c'est le plus grand trompeur… Holà ! je me tairai si je peux, et je n'en parlerai plus aujourd'hui, quoi qu'il arrive.

Le juge

C'est bon, mais souvenez-vous-en ! Allez, concluez clairement.

Pathelin

Ce berger ne peut vraiment pas répondre aux accusations qu'on lui porte sans un avocat, mais il n'ose pas

2. Je n'y comprends rien.
3. Parle comme un enfant.
4. Où est le problème.

ou ne sait pas en demander. Si vous vouliez m'ordonner de l'assister, je le ferais.

LE JUGE, *regardant le berger.*

L'assister, lui ? Je pense que ce serait une très mauvaise affaire : c'est Peu-d'Aquet[1].

PATHELIN

Moi, je vous jure que je ne veux rien en tirer[2] : ce sera pour l'amour de Dieu ! Je vais apprendre du pauvre petit ce qu'il voudra bien me dire. Il me renseignera pour répondre aux accusations. Il aurait du mal à s'en sortir, si on ne l'assistait pas. *(Au berger.)* Approche, mon ami. Si on pouvait trouver… Tu comprends ?

THIBAULT L'AGNELET

Bée !

PATHELIN

Quoi « bée ! » ? Diable, par le saint sang que Dieu versa ! Es-tu fou ? Dis-moi ton affaire.

THIBAULT L'AGNELET

Bée !

PATHELIN

Quoi « bée ! » ? Entends-tu bêler tes brebis ? C'est pour ton bien, comprends-le.

THIBAULT L'AGNELET

Bée !

PATHELIN

Réponds par oui ou par non. *(À voix basse.)* Très bien ! Continue ! *(À voix haute.)* D'accord ?

1. Personnage de farce, très pauvre.
2. Ne veux lui demander aucun argent.

THIBAULT L'AGNELET

Bée !

PATHELIN

Plus fort, ou tu vas le payer cher, j'en ai bien peur.

THIBAULT L'AGNELET

Bée !

PATHELIN

Il faut être encore plus fou pour faire un procès à un fou de cette nature. *(Au juge.)* Ah ! monsieur, renvoyez-le à ses brebis ! Il est fou de naissance.

GUILLAUME

Lui, fou ? Saint Sauveur des Asturies, il est plus sain d'esprit que vous.

PATHELIN, *au juge.*

Renvoyez-le garder ses bêtes sans l'ajourner[3], et qu'il ne revienne jamais. Maudit soit celui qui assigne[4] ou fait assigner un fou comme celui-là.

GUILLAUME

Le renverra-t-on avant que je sois entendu ?

LE JUGE

Grand Dieu ! oui, puisqu'il est fou. Pourquoi pas ?

GUILLAUME

Eh ! diable, monsieur, au moins laissez-moi parler avant et présenter mes conclusions : mes paroles ne sont ni trompeuses ni moqueuses.

3. Retarder le procès à un autre jour.
4. Attaque en justice.

Le juge

Il n'y a que tracasseries[1] à plaider contre des fous et des folles. Écoutez, pour couper court à ces bavardages, la cour ne sera pas retenue plus longtemps.

Guillaume

S'en iront-ils sans obligation de revenir ?

Le juge

Pourquoi donc ?

Pathelin, *au juge.*

Revenir ? *(Il montre Guillaume.)* Vous n'avez jamais vu un homme plus fou, en actes ou en paroles. Et l'autre ne vaut pas une once de plus[2] : ils n'ont pas plus de cervelle l'un que l'autre. Par la belle sainte Marie, à eux deux, ils n'en ont pas un carat[3] !

Guillaume

Vous avez emporté mon drap, par ruse, sans payer, Maître Pierre. Corbleu, pauvre pécheur que je suis, ce n'est pas honnête.

Pathelin

Eh bien ! Je renie saint Pierre de Rome s'il n'est complètement fou ou en train de le devenir !

Guillaume, *à Pathelin.*

Je vous reconnais à vos paroles, à votre robe et à votre visage. Je ne suis pas fou, mais assez sain d'esprit pour reconnaître qui me fait du bien. *(Au juge.)* Je vous raconterai toute l'histoire, monseigneur, en mon âme et conscience.

1. Problèmes.
2. Pas mieux.
3. Ils n'ont pas un sou de cervelle.

Pathelin

Eh ! monsieur, imposez-leur silence ! *(À Guillaume.)* N'avez-vous pas honte de tant discuter avec ce berger pour trois ou quatre vieilles brebis ou vieux moutons qui ne valent pas deux boutons ? Quelle longue kyrielle[4] il en fait...

Guillaume

Quels moutons ? C'est toujours le même refrain ! C'est à vous-même que je parle, et vous me le rendrez, par le Dieu qui voulut naître à Noël !

Le juge

Vous voyez ? Me voici bien loti ! Il n'arrêtera pas de brailler aujourd'hui !

Guillaume

Je lui demande...

Pathelin, *au juge.*

Faites-le taire ! *(À Guillaume.)* Eh ! Parbleu, c'est en trop avec vos sornettes ! Admettons qu'il en ait assommé six ou sept, ou une douzaine, et qu'il les ait mangés, pour son malheur ! La belle affaire ! Vous avez gagné bien plus pendant le temps qu'il vous les a gardés.

Guillaume

Regardez, monsieur, regardez ! Je lui parle drap, il me répond moutons ! Où sont les six aunes de drap que vous avez mises sous le bras ? N'avez-vous pas l'intention de me les rendre ?

4. Longue suite de paroles.

PATHELIN

Ah ! monsieur, allez-vous le faire pendre pour six ou sept bêtes à laine ? Au moins, reprenez votre souffle, ne soyez pas sévère envers ce pauvre malheureux berger qui est nu comme un ver.

GUILLAUME

Vous savez très bien changer de sujet ! C'est le diable qui m'a fait vendre du drap à un client aussi rusé ! Que diable, monseigneur, je lui demande…

LE JUGE

Je l'acquitte de votre plainte et vous défends de le poursuivre[1]. C'est un bel honneur de plaider contre un fou ! *(À Thibault l'Agnelet.)* Va retrouver tes bêtes.

THIBAULT L'AGNELET

Bée !

LE JUGE, *au drapier.*

Vous montrez bien qui vous êtes, monsieur, par le sang de Notre Dame !

GUILLAUME

Eh ! diable, Monseigneur, par mon âme, je veux lui…

PATHELIN, *au juge.*

Se taira-t-il ?

GUILLAUME, *à Pathelin.*

Mais c'est à vous que j'ai affaire : vous m'avez vilainement trompé, vous avez emporté mon drap comme un voleur, grâce à vos belles paroles.

1. Continuer à agir en justice contre lui.

PATHELIN, *au juge.*

Oh ! J'en appelle à ma conscience. Écoutez-le bien, monseigneur !

GUILLAUME, *à Pathelin.*

Parbleu, vous êtes le plus grand trompeur ! *(Au juge.)* Monseigneur, il faut que je vous dise…

LE JUGE

C'est une vraie farce que vous jouez tous les deux ! Que de bruit ! Parbleu, je vais m'en aller. *(À Thibault l'Agnelet.)* Va-t'en, mon ami ; ne reviens jamais même si un sergent[2] t'assigne[3]. La cour t'acquitte, tu comprends ?

PATHELIN, *à Thibault l'Agnelet.*

Réponds « merci beaucoup » !

THIBAULT L'AGNELET

Bée !

LE JUGE, *à Thibault l'Agnelet.*

Je dis bien : va-t'en, ne te fais pas de souci. Peu importe.

GUILLAUME

Mais est-il bien raisonnable qu'il s'en aille ainsi ?

LE JUGE, *quittant le tribunal.*

Oh ! J'ai une affaire ailleurs. Vous êtes de grands farceurs : vous ne me ferez plus siéger ici ; je m'en vais. *(À Pathelin.)* Voulez-vous venir souper avec moi, Maître Pierre ?

PATHELIN, *levant la main à sa mâchoire.*

Je ne peux pas.

Le juge s'en va.

2. Officier de justice.
3. Te convoque au tribunal.

Scène 9 ■ Guillaume, Pathelin, Thibault l'Agnelet

Guillaume, *à Pathelin.*

(À voix basse.) Ah ! Quel voleur tu fais ! *(À voix haute.)* Dites donc, me paierez-vous ?

Pathelin

De quoi ? Êtes-vous détraqué ? Mais qui croyez-vous que je sois ? Par mon sang, je me demande pour qui vous me prenez.

Guillaume

Bée, que diable !

Pathelin

Cher monsieur, écoutez donc ! Je vous dirai, sans plus attendre, pour qui vous me prenez : pour l'Écervelé[1] ! Regarde ! *(Pathelin lève son chaperon.)* Eh non ! Je ne suis pas chauve sur le dessus de la tête.

Guillaume

Me prenez-vous pour un idiot ? C'est vous en personne, c'est bien vous : votre voix vous trahit, ne dites pas le contraire.

Pathelin

Moi, moi en personne ? Non, absolument pas ; détrompez-vous. Ne serait-ce, par hasard, Jean de Noyon[2] ? Il me ressemble par la taille.

1. Personnage de farce, chargé de faire rire par ses bêtises.
2. Personnage dont tout le monde se moque.

GUILLAUME

Eh ! diable, il n'a pas votre pâle visage d'ivrogne ! Ne vous ai-je pas laissé malade, tout à l'heure, chez vous ?

PATHELIN

Ah, la belle raison ! Malade ! Et de quelle maladie ? Avouez votre sottise : maintenant elle est évidente !

GUILLAUME

C'est vous, vous et personne d'autre, ou je renie saint Pierre ! Je le sais bien, c'est la vérité vraie !

PATHELIN

N'en croyez rien : ce n'est certainement pas moi. Je ne vous ai jamais pris une aune ni même une demi-aune : je n'ai pas cette réputation.

GUILLAUME

Ah ! je vais voir dans votre maison, palsambleu, si vous y êtes. Nous ne nous disputerons plus ici, si je vous trouve là-bas.

PATHELIN

C'est ça, bonne idée, par Notre Dame ! Ainsi vous en aurez le cœur net.

Guillaume s'en va.

Scène 10 ■ PATHELIN, THIBAULT L'AGNELET

PATHELIN

Dis-moi, Agnelet.

THIBAULT L'AGNELET

Bée !

PATHELIN

Viens ici, viens. Ton affaire est-elle bien réglée ?

THIBAULT L'AGNELET

Bée !

PATHELIN

La partie adverse s'est retirée[1]. Ne dis plus « bée ! », ce n'est plus la peine. L'ai-je bien entortillé ? T'ai-je bien conseillé ?

THIBAULT L'AGNELET

Bée !

PATHELIN

Hé ! diable, on ne t'entendra pas ! Parle sans hésitation, ne t'inquiète pas.

THIBAULT L'AGNELET

Bée !

PATHELIN

Il est temps que je m'en aille. Paie-moi.

1. A perdu.

THIBAULT L'AGNELET

Bée !

PATHELIN

À vrai dire, tu as très bien joué ton rôle, tu t'es bien comporté. Ce qui l'a trompé, c'est que tu t'es retenu de rire.

THIBAULT L'AGNELET

Bée !

PATHELIN

Quoi « bée ! » ? Il ne faut plus dire « bée ». Paie-moi bien gentiment.

THIBAULT L'AGNELET

Bée !

PATHELIN

Quoi « bée ! » ? Parle raisonnablement et paie-moi ; après je m'en irai.

THIBAULT L'AGNELET

Bée !

PATHELIN

Sais-tu quoi ? Je te dirai – et je te prie de cesser tes « bée ! » – de penser à me payer. Je ne veux plus de tes bêlements. Paie-moi vite !

THIBAULT L'AGNELET

Bée !

Pathelin

Te moques-tu de moi ? Est-ce tout ce que tu feras ? Je te le jure, tu me paieras, tu entends ? À moins que tu ne t'envoles. Allez, par ici, l'argent !

Thibault l'Agnelet

Bée !

Pathelin

Tu veux rire ? Comment ? Je n'aurai rien d'autre ?

Thibault l'Agnelet

Bée !

Pathelin

Tu me ris au nez. À qui donc vends-tu tes salades ? Sais-tu ce qu'il en est ? Ne me braille plus ton « bée ! » aujourd'hui et paie-moi.

Thibault l'Agnelet

Bée !

Pathelin

N'en aurai-je pas d'autre monnaie ? De qui crois-tu te moquer ? Je devrais être content de toi, eh bien, fais en sorte que je le sois !

Thibault l'Agnelet

Bée !

Pathelin

Me fais-tu manger de l'oie[1] ? Morbleu ! Je n'aurais donc vécu que pour laisser un berger, un mouton habillé, un vaurien de péquenaud[2] me rire au nez ?

1. Me trompes-tu ? Voir note p. 69.
2. Paysan très sot.

THIBAULT L'AGNELET

Bée !

PATHELIN

N'en tirerai-je pas d'autre mot ? Si tu le fais pour t'amuser, dis-le, et ne me fais plus discuter. Viens souper à la maison.

THIBAULT L'AGNELET

Bée !

PATHELIN

Par saint Jean, tu as raison : les oisons mènent paître les oies[3]. *(À part.)* Je me prenais pour le maître de tous les trompeurs d'ici et d'ailleurs, le seigneur des coureurs d'aventures et des diseurs de belles paroles pour payer au jour du Jugement dernier, et un berger des champs me surpasse ! *(À Thibault l'Agnelet.)* Par saint Jacques, si je trouvais un sergent, je te ferais prendre !

THIBAULT L'AGNELET

Bée !

PATHELIN

Ah ! bée, bée ! Que l'on me pende si je ne fais pas venir un bon sergent ! Et malheur à lui s'il ne te met pas en prison !

THIBAULT L'AGNELET

S'il me trouve, je lui pardonne.

3. Les enfants donnent des leçons à leurs parents.

À lire / à voir

À lire

Pour mieux connaître l'histoire du théâtre

André Degaine, ***Histoire du théâtre dessinée***, 1996
Des dessins pour mieux comprendre ce qu'est le théâtre, quelles sont les conditions de représentation, en tous lieux, de la préhistoire à nos jours.

Pour retrouver les farceurs d'hier et d'aujourd'hui

Simon Léturgie, ***La Farce du cuvier***, 2005
Une bande dessinée qui accentue les oppositions entre les personnages : à Jacquinot, un physique ingrat et bourru, à sa femme, la coquetterie et la beauté.

Molière, ***Le Médecin malgré lui***, 1666
Sganarelle et Martine se disputent ; Martine, battue par son mari, décide de se venger en le faisant passer pour un médecin...

Molière, ***Les Fourberies de Scapin***, 1671
Scapin joue de mauvais tours à Géronte et Argante qui s'opposent aux amours de leurs enfants. Il risque de payer cher ses fourberies !

Pierre Gripari, ***Huit farces pour collégien***, 1998
Huit courtes pièces pour rire et jouer. L'une d'elles, Le Bourricot, présente une situation digne des farces : un paysan et sa femme se disputent sur la place du marché. Ils n'ont plus d'argent et l'homme veut vendre sa femme comme bourricot. La femme finit par accepter. Quelle sera la réaction de l'acheteur ?

À voir

Théâtre filmé

- ***Le Médecin malgré lui*, mise en scène de Dario Fo**, collection de la Comédie-Française, 1992

La pièce de Molière mise en scène dans l'esprit de la *commedia dell'arte* : le texte est un support auquel s'ajoutent des gags de clowns, des commentaires en aparté, des acrobaties et de la musique.

- ***La Cure*, Charlie Chaplin**, 1917

Un alcoolique arrive dans une paisible station thermale, ivre, avec de l'alcool plein ses bagages, et perturbe la vie des autres curistes...

À écouter

- ***La Farce du Cuvier (ouverture)*, par l'orchestre des Concerts Lamoureux,** « Un panorama de la musique symphonique française », 1995

L'opéra de Gabriel Dupont (1878-1914), ***La Farce du cuvier*** a été créé en 1911. Sa composition rappelle l'humour du texte original : le rythme y est enlevé et jovial.

TABLE DES ILLUSTRATIONS

Conception graphique : Julie Lannes
Design de couverture : Denis Hoch
Recherche iconographique : Gaëlle Mary
Mise en page : Scientech Livre
Édition : Catherine Maugé
Coordination éditoriale : Marion Noesser

COLLÈGE

5. **Bédier**, *Le Roman de Tristan et Iseut*
1. **Courteline**, *Le gendarme est sans pitié*
8. **Dumas**, *Les Frères corses*
1. **Feydeau**, *Un fil à la patte*
7. **Gautier**, *La Morte amoureuse*
1. **Homère**, *L'Odyssée*
9. **Hugo**, *Le Dernier Jour d'un condamné*
2. **La Fontaine**, *Le Loup dans les Fables*
3. **Leprince de Beaumont**, *La Belle et la Bête*
0. **Maupassant**, *Boule de suif*
6. **Maupassant**, *La folie dans les nouvelles fantastiques*
3. **Maupassant**, 4 nouvelles normandes (*anthologie*)
2. **Mérimée**, *Carmen*
1. **Mérimée**, *La Vénus d'Ille*
7. **Molière**, *L'Avare*
3. **Molière**, *Le Bourgeois gentilhomme*
8. **Molière**, *George Dandin*
8. **Molière**, *Le Malade imaginaire*
0. **Molière**, *Le Médecin malgré lui*
5. **Molière**, *Les Fourberies de Scapin*
2. **Molière**, *Le Sicilien*
3. **Musset**, *Il ne faut jurer de rien*
5. **Nicodème**, *Wiggins et le perroquet muet*
1. **Noguès**, *Le Faucon déniché*
9. **Perrault**, 3 contes (anthologie)
3. **Pouchkine**, *La Dame de pique*
2. **Radiguet**, *Le Diable au corps*
Rostand, *Cyrano de Bergerac*
Simenon, *L'Affaire Saint-Fiacre*
Stevenson, *Le Cas étrange du Dr Jekyll et de M. Hyde*
Tolstoï, *Enfance*
Verne, *Un hivernage dans les glaces*
Voltaire, *Le Monde comme il va*
Zola, *Nantas*
Zweig, *Le Joueur d'échecs*
La Farce du cuvier (anonyme)

37. *Le Roman de Renart* (anonyme)
5. Quatre fabliaux du Moyen Âge (*anthologie*)
41. Les textes fondateurs (*anthologie*)
22. 3 contes sur la curiosité (*anthologie*)
40. 3 meurtres en chambre close (*anthologie*)
44. 4 contes de sorcières (*anthologie*)
27. 4 nouvelles réalistes sur l'argent (*anthologie*)
64. *Ali Baba et les 40 voleurs*

LYCÉE

60. **Balzac**, *L'Auberge rouge*
18. **Balzac**, *Le Chef-d'œuvre inconnu*
47. **Balzac**, *La Duchesse de Langeais*
33. **Balzac**, *Gobseck*
72. **Balzac**, *Pierre Grassou*
34. **Barbey d'Aurevilly**, *Le Bonheur dans le crime*
32. **Beaumarchais**, *Le Mariage de Figaro*
20. **Corneille**, *Le Cid*
56. **Flaubert**, *Un cœur simple*
49. **Hugo**, *Ruy Blas*
57. **Marivaux**, *Les Acteurs de bonne foi*
48. **Marivaux**, *L'Île des esclaves*
19. **Maupassant**, *La Maison Tellier*
69. **Maupassant**, *Une partie de campagne*
55. **Molière**, *Amphitryon*
15. **Molière**, *Dom Juan*
35. **Molière**, *Le Tartuffe*
63. **Musset**, *Les Caprices de Marianne*
14. **Musset**, *On ne badine pas avec l'amour*
46. **Racine**, *Andromaque*
30. **Racine**, *Phèdre*
66. **Racine**, *Britannicus*
13. **Rimbaud**, *Illuminations*
50. **Verlaine**, *Fêtes galantes*, *Romances sans paroles*
45. **Voltaire**, *Candide*
17. **Voltaire**, *Micromégas*
31. *L'Encyclopédie* (*anthologie*)
16. Traits et portraits du XVIIe siècle (*anthologie*)

MIXTE
Papier issu de
sources responsables
FSC® C022030

Impression & brochage SEPEC - France
Numéro d'impression : 06601160829 - Dépôt légal : août 2016
Numéro de projet : 10228067